私の幼児教育政策論

危機の今こそ、子どもの未来を本気で考えよう

山口美智子

毎日新聞出版

私の幼児教育政策論｜目次

カバー写真
©SHAKTI/a.collection/amanaimages
ブックデザイン
鈴木成一デザイン室

序章

コロナ禍の今だからこそ、幼児教育の「質」を考える

私のC型肝炎との闘い、そして新型コロナウイルス

「感染するという前提で、食事代わりのものを買っておいた方がよいでしょう」と、台湾で暮らす長男からメールがきたのが2020年2月半ばであった。

1月の「中国で原因不明の肺炎患者」や「武漢での感染拡大」の報道の頃までは、私を含む多くの日本国民にとって、新型コロナウイルスの感染症はまだ対岸の火事であった。

だが、その後、事態は悪化し、世界は百年に一度のパンデミックの様相を呈したのである。日本は今年に入って第3波、そして今、第4波のただなかにある。

テレビニュースから聞こえてくる新型コロナウイルスの「新型」が、私には

しばしば「C型」と聞こえてならなかった。なぜなら、私は34年前にC型肝炎ウイルスに感染させられたC型肝炎患者だったからだ。また、次々にアナウンスされるコロナに関する用語（感染症、発症、ウイルス検査、陰性・陽性、再燃、ウイルス除去、抗体…）は、辛い過去を思い出させた。

血液を介してのみ感染し、感染力は弱い（通常の日常生活では感染しない）C型肝炎ウイルスだが、除去できないと、自覚症状がなくても、確実に肝臓の細胞の線維化が進み、肝硬変・肝がんへと悪化していく。

14年間ウイルス検査に一喜一憂したこと、その後、治療のためのインターフェロン投与の途中に再燃してしまい、生涯にわたりC型肝炎ウイルスとの共存を覚悟したこと、結局2年間で300本のインターフェロンを投与し続けたことなど、ウイルスとの闘いの日々を思い出さざるをえなかった。

そして、自分が患った肝炎とは人災により感染が拡大した薬害であるということを認識した時、私は全国初の実名原告として「薬害C型肝炎訴訟」に加わった。それは、全国原告団の代表として世論に訴えたり、政治に働きかけたりした7年にわたる闘いでもあった。その政治への参加体験を通して、国民の生活が政治の上に成り立っていることを自覚したのである。

この体験は、本書で私が幼児教育についての私見を「政策論」として提起する動機につながっている。その意味で、本書では私の人生の軌跡を語っておきたい。

最も懸念するのは幼児教育の現場

2020年4月7日に「緊急事態宣言」が出てからは、わが国でも暮らしぶりが一変した。

私が住む福岡市では、以前のように観光客などの中国語や韓国語が聞こえてくることはなく、これまでの活気ある人出もなく、私がこの地に引っ越してきた20年前に戻ったようである。

そして2020年5月15日、「緊急事態解除」となったが、2カ月経った7月半ばには、感染者数が過去最高値を更新し続けていた。その後も同様な波を繰り返し、今年に入っても終息には程遠く、警戒が続く中、多くの国民は脅威を覚えながら、コロナウイルスとの共生も覚悟しているようである。

私もその一人であるが、今、最も懸念しているのが教育現場のことであり、とりわけ幼児教育の現場のことである。

緊急事態宣言が最初に発出された昨年5月には、国公私立の幼稚園、小中学校、高校などで86%が休校・休園していたという。保育園においては25%が休園で、登園自粛が過半数であった。自治体によってばらつきはあったものの、一人親や、医療関係従事者の親など、保育が必要な場合は登園を認める措置をとってきた。

しかし、学校での学習の遅れや「9月入学」等は報じられるが、コロナ禍の、幼児教育の「質」への影響については話題に上らない。

2019年10月にスタートした幼児教育・保育の無償化制度は、2019年度分の財源が数百億円程度不足する見通しとなり、政府は不足分を編成中の2019年度補正予算案に追加計上したばかりであった。

2020年度からは、無償化にかかる経費は、一部を地方自治体が負担することになっていたが、コロナウイルス対応に次々と財源が使われ、幼保無償化の施行自体が困難に直面している。

私は、15年前から幼児教育研究を積んできた者として、優先すべきは就学前教育の「質」の対策であると警鐘を鳴らしてきた。しかし、世間は「無償」に惑わされ、「質」を問わずに、政府のポピュリズム政策に乗ってしまったのである。

本来は保育の「質」を優先するべきであった

2019年10月1日、消費税率が8%から10%へ引き上げられた。また、幼児教育・保育の無償化がスタートした。増税で見込まれる税収増の半分が教育無償化などの財源に回り、残りが国の借金返済に充てられることになっていた。

この4カ月前に「老後二千万円問題」が浮上した。それは2019年7月の参院選公示の1カ月前であった。国会論戦や過熱報道もあり、世論の関心が年金問題に集中した。公示前日の党首討論会でも、国民受けを優先した政策だけが語られたのだ。また、メディアでもこの問題が連日取り上げられ、一層国民の不安をあおった。

週刊誌などの見出しは、「もらえる・もらおう・もらうには」のオンパレード。このような言葉は、雑誌購買欲をそそることが狙いであろうが、私は目を覆いたくなった。

国会では、野党が「消えた年金」の再来を狙い、激しい与野党攻防の審議が進んだ。

さかのぼること3年、2016年の「保育園落ちた　日本死ね!」のブログの反響で、待機児童問題への関心が高まったときの記憶がよみがえる。

2017年の衆院選では、各党がこぞって公約に「待機児童ゼロ」を掲げた。

2019年6月、政府は社会保障を全世代型へと転換し、「経済財政運営と改革の基本方針（骨太方針）」を臨時閣議で決定した。その中に「少子化対策や社会保障に対する安定的な財源を確保する」として消費税を明記した。

消費税率10％への引き上げに伴う増収分のうち、年間約８０００億円を使い、小学校に上がる前の子どもの幼児教育と保育の無償化に充てるために「改正子ども・子育て支援法」を、同年5月10日に成立させていた。

そのため、夏の参院選では、本来は保育の「質」の確保や待機児童対策を優先するべきであったが、政府は実践として保育の量的拡大をアピールしたのだ。消費税10％への引き上げで、子育て支援にも充てることが決まり「幼保無償化」となったが、財政再建は遠のいたのである。

幼保無償化の不備が露呈しているというのに

一方、子どもは、未来の労働力という観点からのみ捉えられ、質の高い保育・教育については、語られることがなかった。

『文部科学省2018年度幼児教育関係予算』の概要には、「幼児期の教育が生涯にわたる人格形成の基礎を培う重要なものであることに鑑み、幼児教育無償化に向けた取組を段階的に進めるとともに、幼児教育の質の向上及び環境整備を促進することにより幼児教育の振興を図る」とある。この後半部分の重要性に光が当てられないところに、今の日本の幼児教育の問題があると私は考える。

2019年10月4日、臨時国会が開会し、いよいよ夏の参院選で、各党が訴えていたテーマの論戦が始まるという時、大島衆院議長発言問題に野党が反発し、開会が約1時間半も遅れた。「何事もはじめが肝心」であるのに、国会のこの先が思いやられると私は感じたが、その予感は的中する。

安倍首相の所信表明演説に対する各党の代表質問は、この大島議長発言問題の追及からはじまった。

次に噴出したのが「関電金品授受問題」で、野党は今国会の最大テーマと位置付け、「憲法より関電」とまで言い切った。その後も、「閣僚二名の辞任」「文科相の身の丈発言問題」、ついに首相主催の「桜を見る会」と、政局には問題が積み重なっていた。しかし、目まぐるしく報道される政局に関心をいだくだけでは国民の政治参加は達成されないのではないだろうか。国会で、法案成立と丁寧な政策審議が棚上げされたことに、怒りを覚える国民も少なくない。その一つが、幼保無償化論議なのである。国の看板政策であった幼保無償化の不備が露呈しているというのに、本格的な議論がない。

自治体が、国の制度設計の不備を補う形で独自策を講じている実態が浮き彫りになったのだ。人口減少にある市町村では、県と共同で自治体独自の助成を上乗せし、既に無償化している自治体もある。また、自治体がこれまで担ってきた徴収業務を直接保育園で行うことになり、現場では、事務負担も増えて、今後のありようを模索している。

さらに、保護者の負担が無償どころか逆に増えたり、現場の保育士から悲痛な声が上がったり、保育士不足が厳しくなったりと、問題は山積みである。

本気で子どもの未来を熟慮すべき時

このように、子育て政策の全体像もはっきりしないまま、「無償化」だけが前面に出て、国会での審議もなく、国の対応は遅れている状況なのだ。

これこそ、国会で論戦をはじめるテーマであるべきだった。結局、幼保無償化は、選挙前のポピュリズムに流されたあげくの政策であったと言わざるを得ない。

2020年度の通常国会を振り返ろう。1月20日、通常国会が開会し、当初国会は前年度に続き「桜を見る会」をめぐる一連の論争が繰り広げられ、1月末には、中国にマスクを寄贈する余裕すらあった。ところが2月には、日本もコロナウイルスの襲来を受け、対岸の火事では済まされない状況になり、東京五輪からコロナ対策へと舵を切ることとなった。

スタートして既に半年以上経った「幼保無償化」制度は、安倍首相が2017年10月の衆院選で「国民の信を問う」と公約の柱に掲げて導入したものだ。そもそも少子化対策として、子育て世代の負担を軽減する狙いがあった。

2020年5月15日付で、内閣府（子ども・子育て支援担当）、文部科学省（初等中等教育局幼児教育課）、厚生労働省（子ども家庭局保育課）より、各自治体の子ども・子育て支援新制度担当部局宛に、「新型コロナウイルス感染症の影響による利用者負担額」などの取り扱いについての文書が送られた。

既にコロナ対策で財源はいくらあっても足りない深刻な状態にあり、財政を圧迫する「無償化」は、学童を含めた保育担当者、教育者の不足により、なおさら保育や教育の質の低下を招くであろう。

現在の危機的な状況だからこそ、ポピュリズムに惑わされることなく、本気で子どもの未来を熟慮しなければならないのである。これが、私がこれまで研究してきた就学前教育の論考を編み直し、本書で幼児教育政策論として提起するゆえんである。

第1章

認定こども園と新しい幼児教育の理念

国会で忘れ去られた幼保無償化の議論

２０２０年1月20日、通常国会が召集された。安倍首相は施政方針では「子どもから高齢者までが安心できる『全世代型社会保障制度』の実現を目指す」と演説した。

しかし、その後の国会は、審議する予算や政策の前提となる政治の信頼回復に取り組もうとしない首相の姿勢に対して、野党側からの追及が続いた。

もちろん国民も知りたがっている問題であり、首相の施政方針の中に、「桜を見る会」を巡るずさんな公文書管理の問題や、カジノを含む統合型リゾート施設（ＩＲ）事業に絡む汚職事件に一言の言及もなかったがゆえである。

しかし、何よりも国民が国会に望むことは、国政における政策論争ではないだろうか。もちろん、人によって関心は異なってはいるだろうが、切羽詰まった環境や、困難な状況にある人について、政策課題は山のようにあるのだ。

私の関心事は「就学前教育」であるが、施政方針演説の『一億総活躍社会』には、「子どもたちの未来に、引き続き大胆に投資してまいります」「保育の受け皿整備を進め、待機児童ゼロを実現します」「希望出生率１・８の実現を目指し、深刻さを増す少子化の問題に真正面から立ち向かってまいります」とあった。

一方で、２０１９年10月にスタートした幼保無償化は、大規模な制度改革にもかかわらず、国会審議もなく、国の対応も遅れたままであった。

２０２０年１月27日から開催された予算委員会においても「桜を見る会」論争が収まらず続いた。

同年１月半ばに発覚した新型コロナウイルスへの対策は、２月５日の予算委員会において、やっと審議テーマにあがった。

この通常国会をめぐる情勢で、既にスタートしている幼保無償化の課題等は忘れ去られ、審議テーマにものぼらなかったのだ。

ただ、自民党は議員連盟を立ち上げ、幼保無償化の問題点などの対策作りに向けた議論に入った。遅れ気味の政府の対策を補うということであろう。

序章で述べたように、そもそも、幼保無償化に至るまでには、子どもは未来の労働力という観点ばかりから捉えられ、質の高い保育・教育については、語られることがなかった。

コスト面や少子化対策、待機児童対策だけではなく、誰のための何のためのどのような幼児教育・保育なのかが抜け落ちていたのだ。果たして、幼保無償化は、幼児教育振興への一番の手立てとなるのであろうか。

子育て支援政策はどう進化してきたか?

政府が初めて子育て支援総合計画「エンゼルプラン」を打ち出したのは、1994年だった。村山内閣が、深刻な少子化を受けて、低年齢児を受け入れるための保育所の増設、時間延長・休日保育などを盛り込んで提起した。

2001年には、小泉内閣が「待機児童ゼロ作戦」を掲げ、3年間で保育の受け皿を1万5000人分増やすとした。

2003年より、少子化対策を担当する国務大臣が置かれるようになった。

2005年には、出生率が1・26と過去最低となり、柴田悠京大准教授が著書の『子育て支援が日本を救う』で、「子育てを社会全体で支えよう」と説いた。

2008年には、福田康夫首相が「新待機児童ゼロ作戦」を掲げ、10年間で100万人分増やすとした。

2009年秋の民主党政権交代とともに、「子ども園」構想が打ち出され、幼保一元化をめざしたが、幼保の制度の単なる統合で、幼保一体化を進めることに帰結した。「一元化」とは、これまで二元化されてきた幼稚園・保育園のそれぞれの機能を生かした、連続的な質の高い幼児期の保育と教育を行うための運営の一元化のことである。「一体化」とは、幼稚園・保育所という別々の制度・形態は生かしつつ、施設や生活の場が一つになり、カリキュラムを共有することに留まるあり方である。

2012年8月に、次の「子ども・子育て関連三法」が成立した。

①「子ども・子育て支援法」

②「就学前の子どもに関する教育、保育等の総合的な提供の推進に関する法

律の一部を改正する法律」

③「子ども・子育て支援法及び就学前の子どもに関する教育、保育等の総合的な提供の推進に関する法律の一部を改正する法律の施行に伴う関係法律の整備等に関する法律」

これらの関連三法は、社会保障の充実において優先的に取り組むべき施策と位置づけられた。消費税率10％への引き上げにより実施され、財源2・8兆円のうち0・7兆円程度を子ども・子育てに充てる。そして、子ども・子育て支援制度に基づく幼児教育・保育・地域の子育て支援のさらなる充実を図るとした。

安倍政権下では、保育の量的拡大政策と保育士処遇政策をとったが、第一のプランとして、2013年の「待機児童ゼロ加速化プラン」、2014年には、新制度の財源を消費税10％に引き上げ、0・7兆円を充てるとした。

２０１５年には、子ども・子育て支援新制度実施を待たず、目標だけは達成するという政策がとられた。

２０１６年度から保育士配置が認可保育所よりも低くても開設できる、企業主導型保育事業を新たにスタートさせた。

「幼児教育の質の向上及び環境整備を促進する」と明言

待機児童解消に向けた保育の充実と総合的な放課後児童対策の推進として、２０１７年度までの5年間の合計では、約48万３０００人分の保育の受け皿拡大を見込んでいた。

２０１７年6月9日、経済財政運営と改革の基本方針（骨太方針）を閣議決定した。しかし、幼児教育の質を確保できない懸念は根強く残った。

「子育て安心プラン」では、2020年度までの3年間で、国の待機児童を解消することとしている。

また、保育人材の確保として、次の①と②のような処遇改善や、新規の資格取得、就業継続、離職者の再就職があげられた。

① 保育士の確保（2017年度末までに9万人の保育士の確保）
保育補助者の雇上げ支援・再就職準備金の充実や、保育士配置に関わる特例措置。

② 保育士の処遇改善（2016年度までに2万6000円相当の処遇改善）
現在4万円程度ある全産業の女性労働者との賃金差がなくなるよう追加的処遇改善。
2017年度は、さらに6000円アップ。キャリアアップの仕組みを構築し、技能・経験に着目。最大4万円の処遇改善を行うこととする。

一方、文部科学省から出された、2018年度幼児教育関係予算の概要にはこうある。

「幼児期の教育が生涯にわたる人格形成の基礎を培う重要なものであることに鑑み、幼児教育無償化に向けた取組を段階的に進めるとともに、幼児教育の質の向上及び環境整備を促進することにより幼児教育の振興を図る」

2019年5月10日の参議院本会議で、賛成多数で「幼児教育と保育を無償化するための改正子ども・子育て支援法・改正法」が可決成立した。財源は、消費税10%への引き上げによる増収分を充てるとした。また、増収分のうち、年間約8000億円を使い、小学校に上がる前の子どもの幼児教育と保育の無償化に充てるとした。

無償化より先に対応すべきは、保育職員の処遇改善

1985年に保育所の運営費の国庫負担が削減されたことを皮切りに、公費負担と保育実施の行政責任を縮小する方向で制度再編が行われてきた。

1990年代後半以降に進められてきた保育制度の再編では、保育実施の公的責任を縮小する方向での、保育供給主体の多元化が挙げられる。

2004年度以降は、公立保育所の運営費に対する国庫負担金の廃止・一般財源化が実施され、さらに2006年には施設整備補助金が公立施設には適用されなくなった。

このように、公立保育所が減少してきた背景には、国庫負担金、地方交付税などの削減が大きく影響している。

さらに、公立保育所で、常勤の保育士が減少し、非正規雇用化（51・4％）が進んだ。

保育士の処遇は2000年代に大幅に低下し、専門職としてふさわしい処遇を保障されているとはいえない水準への引き下げが行われてきた。また、一般財源化の結果、特に財政が脆弱な小規模自治体においては、正規雇用の割合が低くなり、非正規雇用化が進んでいる。

これまで、公立保育所は、地域の保育の質の支え手であったが、地方公務員「改革」（公立保育所で働く多くの職員にとっては、職場環境と労働条件を悪化させるものであった）などにより、ここ20年ほどで公立保育所をめぐる状況は大きく変化してきたのである。

人員増や業務軽減の対応はほとんどとられていないため、労働時間の長さは保育労働者の主なストレス要因になっている。保育職員は他職種に比べてもストレスを感じる人がより多い職域であることは事実である。

退職補充を上回って採用を増やすなどの対応をとってはいるが、低賃金や長時間・過密労働はますます進んでおり、そうすると保育の質も下がっていく。賃金引き上げと人員増こそが、今もっとも求められている。ひいてはそれが、幼児教育の質の向上及び環境整備を促進することになる。

無償化より先に対応すべきは、保育職員の処遇改善ではないだろうか。

幼保一元化に向けた歴史的な動き

わが国の幼児教育施設としては、1876年に最初の幼稚園「東京女子師範学校付属幼稚園」、1890年に最初の保育所「新潟静修学校幼稚保護会」が開設され、戦前までは、幼稚園と保育所の両施設の区別が曖昧なままであった。

「幼保一元化」は、大正末期頃から唱えられ、1926年に、幼稚園令（勅令）が公布された際、「幼保一元化」が方向づけられた。幼稚園令には、幼稚園に保育所の機能を担わせようとする指向が反映されているのである。「幼保一元化」の旗を振ったのは、教育学者の城戸幡太郎であった。

だが戦後、幼保一元化は幼保二元制に向かう。幼稚園は「学校教育法」（1947年制定・施行）に基づいて、保育所は「児童福祉法」（1947年制定、1948年施行）に基づいて、それぞれ制度化され、教育と福祉の二元制が定着した。

ただ、初期の段階では、幼稚園と保育所の保育内容の違いはあまり明確ではなかった。1956年に「幼稚園教育要領」が示され、幼稚園における教育の在り方が掘り下げられることになった。文部省と厚生省は、「両施設の役割が異なる」として、幼保の一元化を認めなかったのだ。

しかし、1990年代半ば以降、規制緩和の流れもあって、行財政の観点から「幼保一元化」の動きが強まってくる。

近代以降の日本では、数回にわたって「幼保一元化」が試行されてきたのだが、厚労省（2000年までは厚生省）と文科省（同、文部省）の間の調整がつかず、いずれも成功しなかった。ただ、近年の地方分権や様々な統廃合の機運の中で、施設の幼保一体化は増えてきた。

ここで、現行の幼児教育制度が何によって担われているかを改めて整理しておきたい。それは、次の三つの場である。

まず「幼稚園」。前述のように1876年に東京女子師範学校付属幼稚園が設立され、1947年に学校教育法で定める学校となった。

次に「保育所」。1883年に渡辺嘉重が茨城県に開いた子守学校が託児所の先駆であり、1948年に託児所から名前を変え、児童福祉法に定められる児童福祉施設となった。

そして、4類型の「認定こども園」。認定こども園とは、「就学前の子どもに関する教育、保育等の総合的な提供の推進に関する法律」に基づいた、保育園と幼稚園の機能を一体化した施設のことを指す。

保護者の就労の有無にかかわらず、子どもたちに教育と保育を一体的に提供し、子育て相談や親子の集いの場の提供など、地域で子育て中の家庭を支援する各種事業を実施する。

教育と保育を併せ持つ「認定こども園」

認定こども園では、入園の区分が、(1)主に保育園機能を利用する園児(保育認定枠)と、(2)主に幼稚園機能を利用する園児(教育標準時間認定枠）に分かれているが、園児は入園後、同じ保育室で教育・保育を受ける。

「認定こども園」誕生の背景には、ＯＥＣＤの教育問題委員会が「世界の教育改革２０００」の中で、「幼児期に質の高い教育を用意することは生涯学習の基盤を形成することである。質の高い就学前教育及び保育環境で育った子どもはすぐれた思考力や問題解決能力を発達させる」と、乳幼児期にかかわる提言を初めて各国に発信したことがあった。

文部科学大臣の諮問機関である中央教育審議会が、２００５年、当時の文部科学大臣に「子どもを取り巻く環境の変化を踏まえた今後の幼児教育の在り方について」を答申したことで、「認定こども園」が注目されるようになった。

一般には、就学前の子どもの養護・教育については「保育」という語が使われてきたが、文科省では対象が乳児であれば「保育」、幼児であれば「幼児教育」と使い分けている。

「幼児教育」とは、就学前教育、つまり義務教育の学校より下、乳児よりは上の年齢の子どもたちの教育のことである。

この「保育」と「幼児教育」が公共政策の注目を集めるようになり、1986年の「男女雇用機会均等法」の施行以来、子育て支援施策として、1990年の「出生率1・57ショック」以降の少子化対策や、1994年の「エンゼルプラン」、1999年の「新エンゼルプラン」、2004年の「次世代育成支援対策行動計画」が示されてきた。

2006年、文科省は、それまで長く幼稚園を管轄してきた「初等中等教育局幼稚園課」をなくし「幼児教育課」を置くなど、新しい体制づくりに向かった。その一つが「認定こども園」の創設であった。

同年10月には、就学前の子どもに幼児教育と保育を提供する機能と、地域における子育て支援を行う機能を共に備える「認定こども園」が正式にスタートした。

「認定こども園」の4類型と幼児教育の新たな理念

「認定こども園」は、働く母親の急増にともない、いわゆる待機児童が増え、それに対応するために多くの幼稚園が慣習を大きく破る長時間保育（預かり保育）などを開始して、保護者の要望に応え始めたことに端を発している。時代が求める多様なニーズに対応するために、新たな選択肢として施行されたのが「認定こども園」である。

この「認定こども園」はまず、親と子が共に育つ場としての幼児教育施設である。そして、文科省と厚労省が少子化対策の一つとして打ち出した、幼保の施設や運営を一元化することで財政面での効率的な経営を行う施設という性格も持つ。

「認定こども園」は、その4類型として、「幼保連携型」「幼稚園型」「保育所型」「地方裁量型」に分けられる。以下、それぞれについて説明しよう。

「幼保連携型」は、幼稚園と保育園の両方の機能を併せ持つ。幼稚園と保育園の両機能を同一施設で共用化しているので合同活動が可能となり、具体的な基準は各都道府県が条例で定めることとなった。

「幼稚園型」は、既存の幼稚園に、保育園の機能が追加されたもの。「幼稚園」という教育機関であることは変わらず、「幼稚園教育要領」に基づいた教育がなされる。

「保育園型」は、既存の認可保育園に、幼稚園の機能が追加されたもの。「保育園」という児童福祉施設であることは変わらず、「保育所保育指針」に基づいた保育がなされる。

「地方裁量型」は、既存の認可外の幼稚園や保育園などに、認定こども園の機能が追加されたものである。

「認定こども園」は、質の高い幼児期の教育・保育の提供、地域の子ども・子育て支援の充実を図ることを目的としている。そして、質の高い幼児期の教育・保育を提供するために、次のような取り組みがなされた。

・認定子ども園と、幼稚園及び保育所と小学校などとの連携のための取り組みの促進。
・保育教諭、幼稚園教諭および保育士等に対する研修の充実による資質の向上。
・幼稚園教育要領、保育所保育指針などに沿った幼児教育の実施。
・認定こども園、幼稚園及び保育所に対する適切な指導・監督、評価の実施。

60年ぶりに2006年、教育基本法が全面改正された。これまで条文の中では言及のなかった幼児教育についても定められた。この改正の目玉の一つとなったのが、幼稚園を学校教育の始まりとして位置づけたことだ。さらに、幼児教育の問題も特別支援教育の問題も教育基本法の中に入れ込んで、国の責務と明記した。

そして、幼児期の教育を問い直すために、幼保を一体化した認定こども園を創設したことで幼稚園・保育所の垣根がなくなり、それまでの幼稚園・保育所で培ってきた経験や実績が総合されて、幼児教育のための新たな土台となったのである。

「認定こども園」は、それ以前には就学前の教育と福祉を平等に受けることができなかった状況への疑問からスタートしているため、子どもの教育・保育・

生活の質の平等な向上を目指している。幼稚園児・保育園児にかかわらず、幼稚園教育要領のもとで質の高い幼児教育を目指しているのである。

「認定こども園」が抱える問題と可能性については、フィールドワークに基づいて第7章で詳述したい。

第2章
教育者としての私の軌跡

「教える人しだいで人は成長できる」

本章では、私がどのように教育に携わってきたかを記しておきたい。

父親が教師である家庭に育った私は、幼いころから小学校の教師になることを目標にしてきた。

地元・熊本市の小学校では合唱部に入った。初めはうまく歌うことができなかったが、半年ほどでソプラノパートを受け持つほどに上達した。小学校合唱コンクールで九州代表として全国大会に出場でき、達成感、成就感を得るなど貴重な経験をした。

毎日の練習を辛いと思わなかったのは、合唱部担当の音楽専科の先生のおかげである。そして、「教える人しだいで人は成長できる」と、改めて教師にあこがれた。また、運動も得意だったので、児童をオールマイティーに指導できる小学校教師になることを目標にしたのである。

福岡教育大学に進み、1980年に望み通り教師になった。初任は熊本県八代郡宮原町立(現・氷川町立)宮原小学校であった。熊本市内の実家から30キロの道のりを車を運転して通勤した。

その初任校で、先輩、同僚の教師から多くのことを吸収することができた。

その一つは、子どものなかに入って一緒に体を動かすことで、子どもの心をつかんでいく学級づくりだ。課外の社会体育にあたるサッカークラブは子どもたちに人気があり、70人の男子児童たちと一緒に汗と泥にまみれた。

その2年間で、教師としてのノウハウに留まらず、教育の本質を収得することができたと思う。

一輪車が苦手な子ども、掃除が不得手な子どもでも、ちょっとしたコツをうまく伝えればできるようになる。両親がいない児童を毎朝迎えにいくなど、手をかけた児童ほど目に見えた成長を実感することができた。

教職2年目の秋に結婚し、福岡県の採用試験を改めて受け直した。そしてその後19年間、勤めることとなる大牟田市に移り住んだ。

教職の喜びを感じる日々に、肝炎に感染

長男が誕生してからは四世代の家族のなかで、家事をこなしながら大牟田市内の小学校に勤務していた。

その当時、管理職を除いてほとんどの職員が組合員であった。そういう環境のなかで、私は一人だけ非組合員であった。非組合員であり続けることは、かなりのストレスがあった。

私が通った熊本の小学校・中学校・高校は、常に校旗と国旗が教室などで翻り、私はそういう教育環境を当たり前と思って育ってきた。特別なイデオロギーを持っていたわけではなく、教育以外の活動に時間を取られたくなかったのであり、子どものいる時間は、教育の現場から離れたくなかったのである。

全学年の音楽教科書の最後には、「君が代」が載っている。しかし、年度末になっても、自分の受け持つ教室以外からは「君が代」の歌が聞こえてくることは一度もなかった。入学式・卒業式でも、私が卒業生の担任でない限り、ピアノ伴奏の役がいつも回ってきた。

私は、幼いころから培ってきた教育に対する信念を貫いて仕事をしてきた。教師という仕事に情熱を燃やし、いつも健康で勤務していたので、長男出産後も育児休暇をとらずにすぐに復帰した。

しかし、二男出産後はそうはいかなかった。1年間の育児休暇はとっていたものの、その期間を自分自身の病気入院と養生のために費やすことになるとは思ってもいなかった。

教職の喜びを感じる日々を送っていた1987年、二男出産時にC型肝炎ウイルスが混入した血液製剤を投与され、肝炎に感染したのである。

産科を退院してすぐに内科へ入院し、半年間の急性肝炎治療でも完治できず、その後、月に1回の肝機能血液検査等のための通院となった。

結局、急性肝炎のまま育児休暇の1年が過ぎた。翌年度の2学期から学校に復帰することになり、産休に入る前の音楽専科をそのまま引き継ぐことになった。

教師としての意地があった

担任を持たず、大好きな歌をうたったり、ピアノを弾いたりと、元の教職生活のリズムを取り戻しつつあったが、月に一度の血液検査のために通院し、その検査結果に一喜一憂した。

復帰の翌年に異動となり、1年生の担任を希望した。高学年の担任となれば、休み時間であっても月に一度の通院の時間がとれず、体力を使う運動や野外活動などの行事があるからだ。

最初のうちは希望どおりに低学年の担任となり、自分でも肝炎の病気を忘れるぐらい元気に勤めることができた。

しかし、感染から2年後、慢性肝炎と診断され、それまでの「非A非B型肝炎」から「C型肝炎」と判明した。そのとき渡されたパンフレットを見ると、「C型肝炎が最も慢性肝炎になりやすく、肝硬変、肝がんに進行していく」とある。

これを読んで不安になり、その時期を少しでも遅らせなければと思った。しかし、進行を抑える治療法もなく、主治医からは「無理をして疲れないように」と言われるばかりで、月に一度の血液検査で経過を診ていくということになった。

異動のたびに、C型肝炎であることを職場に申告したのだが、見かけが元気で、私自身も張り切って教育に臨んでいたので、高学年の担任を持たされた。そのころ、小学校の学級崩壊が問題になり、特に女性教師は高学年の担任を希望したがらなかった。

私は自分の体調が心配ではあったが、肝炎を理由に役を断ったり、「できません」という言葉を吐いたりはしたくないという、教師としての意地があった。また、高学年の担任にやりがいも感じていたので引き受け、そのうち周りの同僚も管理職も私の病気のことを忘れるくらいに、教師としての責任を果たすために全力を注いだ。

成長し、巣立っていく教え子たちのかけがえのない姿

ただ、野外活動でのオリエンテーリングの時は、肝炎を悪化させるのではないかと心配がよぎったが、だからといって止めるわけにはいかない。

肝炎になる前は、子どもたちと一緒に運動場を走り、縄跳びをし、そしてプールにも一緒に入って泳いでいた。作文指導でもクラス全員分の作文に目を通し、一人ひとりに丁寧な添削指導をして、必ず文集や詩集などに仕上げていたものだった。

しかし私は、やりがいのあるそれらの指導ができなくなってしまった。肝炎に感染してからは、体のことを考えて諦めたことがいくつもあった。何をする

にも「肝炎」が頭をよぎり、自分の行動をセーブしなければならないことが悔しかった。教え子のことよりも自分の体を優先しなければならないことが情けなかった。

検査通院をしながら教師を続けていたが、倦怠感のせいで、なんとか仕事をこなしていた私を「先生」と言って慕ってくれ、手をかけた分だけ成長し、やがて巣立っていく教え子たちの姿はかけがえのないものだと感じた。

教師を辞めたいと思ったことは一度もなかった。

一喜一憂させられた検査の13年目、肝機能数値がかなり上がり、肝生検でも線維化が進んで悪化していた。

ウイルス量が多い上に、インターフェロンが効きにくい型で、治癒率は8パーセントであったが、インターフェロン治療に踏み切ることにした。

10月の運動会の翌日から1日おきのインターフェロン投与を半年間続けるこ

とになり、病休をとって治療することにした。その日までの1カ月、運動会の練習もさることながら、私の代わりの教師が来てもスムーズに学習活動が進むように、子どもたちを教育しなおすことに必死だった。1学期に積み上げた教育が、長い夏休みの間に崩れる可能性があったからだ。

ちぎり絵で描いた似顔絵に励ましの言葉が

運動会の2日前に、クラスの子どもたちに病気のことや治療のために病休をとることを話し、保護者への手紙を渡した。すると、昼休みの間に女子4～5人で取り組んでくれたのか、ちぎり絵で描いた似顔絵に励ましの言葉が添えられた画用紙のカードを、帰りの会のときに渡してくれた。

1年生から進級した4月から比べると、大きく成長した子どもたちの姿に感激した。どんなに体が辛くても、教師を続けてきてよかったと思う瞬間だった。

保護者は、学校からと私からの文書を受け取って読んでくれていたが、運動会当日も元気に動き回る私を見て、「信じられない」「突然でびっくりした」「早く復帰してください」という言葉をかけてくれた。

そして私は、運動会の翌日、予定どおり入院した。

パンフレットに書いてあったすべての強い副作用が現れ、2週間の連日投与を終えて1日おきの投与になった時点で退院の予定であったが、自宅から通院する自信がつくまで、結局2カ月の入院となった。

病休も延長することになり、3学期から復帰することにした。

正月明けには、学校に復帰し、子どもたちの前に立たなければならない。副作用でシャンプーやブラッシングのたびに髪の毛がごっそり抜けたが、学校では元気で若々しい教師でいたいと思い、デパートでショートのウィッグを購入した。

3学期の復帰初日、3カ月ぶりに子どもたちの前に立った。買ったばかりのウィッグをつけて、マスクをしていた。子どもたちにはその顔が異様に映ったのか、私をじっと見ている。

私は「ここだけの秘密ね」と言って、ウィッグとマスクを外して見せた。普段は落ち着かない子どももじっと私の話に耳を傾けた。2年生の子どもにわかるように、「先生が赤ちゃんを産んだときに……」から始めて、「病気を治すための強いお薬の注射だから……」と話を続けた。

みんな一生懸命に聞いていた。

一生の仕事であったはずの教職を退職

家にいる時は、副作用の倦怠感を強く抱えていたが、子どもたちの前に立つと、なぜか忘れられるような気がした。しかし、それも初日だけであった。授業中に長い時間は立っておれなくなり、机間巡視もできなくなった。

インターフェロン投与の翌日は、前夜からの熱が下がらず寒気さえ感じ、5分間の休息時間でさえ職員室に行ってはストーブにあたった。

毎日、解熱剤を服用しているために下痢症状があり、授業中もトイレに駆け込むことが多くなった。上の階に行く際にも、階段で何度も立ち止まりながらしか上れなくなっていた。治療による激しい副作用は本当にきつかった。這うようにして教室にたどり着き、なんとか教職を続ける努力をしたが限界だった。

だが、体のきつさより、自分自身で納得のいく教育を実践することができないのがつらかった。

周囲からは、病休をとることを勧められたが、副作用の一つで精神的に追い詰められていた当時の私は、治療終了後も教職を続けることは不可能だと感じたのであった。

そして、一生の仕事であったはずの教職を2001年に退職した。

離任式の日。初任のとき、自分の退職の日には袴姿（大学の卒業式で卒業証書を授与される課程総代に選ばれ、母が準備してくれた）でと決めていたのだが、そのことはすっかり忘れており、服装のことなど考えられない状態であった。

写真を見ると、白いパンツに黄色のジャケットを着ているのだが、なぜそれを選んだのかさえ覚えていない。離任式は、他校に異動する教師とのお別れの式でもあるが、そのあと引き続き、退職する私一人のための退任式を催してもらえた。

以前、3～4年の時に受け持った新6年生が私のために歌をうたってくれ、呼びかけをしてくれた。本来の私であれば、きっと感激して涙を流したことであろう。しかし、インターフェロン治療中の副作用のためか、自分が自分でなくなってしまったようだった。

「また子どもと関わりたい」との思いが募った

私の前には、ただ子どもたちの声と映像が淡々と流れているだけであった。子どもたちが何を歌い、何を呼びかけたのかもまったく思い出せない。

一生に一度の退職の時を、大切に記憶に留めておきたかった。

2003年4月に、薬害C型肝炎訴訟を福岡地裁に提訴したひと月後、九州大学で初めての講演活動をした。主に法学部の1年生が対象の内田博文教授の授業「医療と人権」の一コマで、初めて自分の被害を話す機会を得た。

息子らと同じ世代の学生を前にして「皆さんのお母さんが話していると思って聞いてください」と語りはじめ、肝炎に感染した経緯や肝炎被害の実態、実名原告として裁判に加わった思いと意義などについて話していった。被害の実態として自分自身のことはもちろん、二人の息子らの様子も交えた。

講演の最後に私は、「人として生きるとは、ということを考えるきっかけになれば、うれしいです」と言って降壇した。

教室を出る際、数人の女子学生が泣いていた。私の話の中で、当時4歳だった長男の気持ちに共感したためであった。

そして、後日、届けられた学生のレポートは、私の宝物となり、それからはいつも持ち歩くようになった。また、この時の学生の数人が訴訟の支援に加わったのがきっかけで、支援の輪が九州大学法学部の学生から福岡県内の大学へと広がり、学生支援の会が発足したのだった。

その後、福岡地裁以外の4カ所の訴訟地域にも学生支援の会が立ち上がっていくことになる。こうして、全国の学生が交流し合ったり、各地の裁判傍聴や集会に出かけたりと積極的に私たち原告を支えてくれたのであった。

2年間300本のインターフェロン治療を乗り越えた私は、体調が戻ると「また子どもと関わりたい」との思いが募った。

訴訟で全国を飛び回りながらも、2003年度から3年間、福岡市内の3つの小学校に非常勤教諭として復帰した。また、ボランティアで自宅近くの公民館に来る就学前の子どもの面倒を見たり、子育てに悩む母親に2人の息子の母としての経験を伝えたりした。

研鑽を積み教育理論を磨く道へ

様々な経験を通して視野が広がり、新たな教育的課題が見えてきた。

それは、日本は教育に十分な予算をかけず、とりわけ幼児教育には重きが置かれていないということである。そして、人を育てる教育の質を問うことがあまりなされず、将来の労働の担い手や納税者のための少子化問題対策としての子育て支援ばかりに向かう傾向があった。

ある日、とある神社で見つけた言葉に、「玉、琢かざれば器と成らず　人、学ばざれば道を知らず」とあった。

私は、研鑽を積み教育理論を磨くために、3回目の挑戦で九州大学大学院の修士課程に入学した。修士学位を取った後も、2年間の研究生として、公民館や認定こども園でのフィールドワーク、行政へのヒアリングを積極的に実施して論文にまとめた。

未来に続く子どもの教育に知恵とお金を注ぐ努力を国に切望してやまない。

第3章

薬害C型肝炎訴訟の全国原告団代表として

ずさんな薬務行政によって感染した被害者

本章では、薬害C型肝炎訴訟の全国原告団代表としての私の活動をお伝えしておきたい。幼児教育の問題を、国民の切実な問題として、何より政策として提起していくべきだという私の考え方は、薬害C型肝炎原告としての闘い、そして私たちを支えてくれた国会議員との出会いなくしては生まれなかったからである。

国民が、自らが抱える難問を、政治に訴えて共に解決していくありかたを少しでも伝えることができればと願っている。

私たちウイルス性肝炎患者は、血液製剤・輸血・予防接種などのずさんな薬務行政によって感染した被害者だった。

私は、１９８７年９月に次男を出産した際、止血剤としてフィブリノゲン製剤を投与され、Ｃ型肝炎ウイルスに感染した。この製剤は、Ｃ型肝炎ウイルスが混入した血液の血漿（けっしょう）で製造されたものであった。

アメリカでは、私が投与された10年前にあたる１９７７年には、ＦＤＡ（食品医薬局）が、フィブリノゲン製剤の承認を取り消したにもかかわらず、わが国では製造販売され続けていたのである。

また、私が投与された年の初めには、青森県の産婦人科病院で、私同様に、出産時の止血剤としてフィブリノゲン製剤を投与された患者たちが相次いでＣ型肝炎になるという集団感染が明らかになっていたが、被告企業は、非加熱製剤・フィブリノゲンの徹底した回収を行わず、その後に導入した加熱製剤・フィブリノゲンもウイルスの不活化が不十分なため、肝炎感染は止まらなかった。

このことから、被告企業は何度も製造販売をストップする機会があったにもかかわらず対応せず、国は医療機関に不必要な使用をやめるように警告しなかったことがわかる。

そのため、被告企業は薬害を知りながら、集団感染が発覚する1987年以後も1992年まで製剤の販売を続けたそうだ。その間に被害が拡大し、人生を奪われ苦しみのなかに引きずり下ろされた被害者が、1万人以上にもなってしまったのである。

国や製薬会社に対して怒りがこみあげてきた

私も感染させられてからずっと、肝炎との闘いを余儀なくされ、いつも肝炎が進行することの恐怖を抱えてきた。

感染から13年目に、病状の悪化が現実のものとなり、インターフェロン治療を受けることになる。強い副作用のせいで、21年間も勤めた教職の仕事を失った。

裁判のことを知るまでの15年間、善意の献血による輸血で肝炎になったのは運命であると、気持ちの上では折り合いをつけて過ごしてきた。

しかし、私の人生を変え、息子たちの心をも傷つけたのは、無神経に製造され、野放しにされてきた、輸血の前に投与されたフィブリノゲンという薬だったのである。私がC型肝炎に感染したのは、運命ではなく、避けることのできた人災であることを知った時、国や製薬会社に対して怒りがこみあげてきた。

そして悩むことなく、2003年4月に、全国初の実名原告として福岡地裁に提訴した。

私は全国原告団代表を引き受けてからは、自分の被害を語ることよりも、原告団として求めていることを裁判所のみならず、国や世論にも訴えるようになっていった。

最初に国会に足を踏み入れたのは、自民党とのパイプも持つ、民主党の仙谷由人議員の案内であった。

与党の厚労委員の議員をはじめ、各党の党首にも面談を申し込んだ。民主党の細野豪志議員と共に、民主党本部のビルに出かけ、小沢一郎代表に薬害肝炎原告団からの要望書を手渡した。また、社民党の福島みずほ党首、共産党の志位和夫書記長にも直接要望書を手渡すことができた。

私は闘いの日々を短歌に詠んでいった。

政治家と面談するを恐れざり
　多くの患者(ひと)の支えありて

２００６年8月30日の福岡地裁判決日の前夜には、民主党の菅直人議員、共産党の仁比聡平議員も駆け付け、８００人による決起集会となった。

官邸に入ることができるという連絡が来る

その年の12月には、超党派議員（自民・公明・民主から10名）が薬害肝炎の件で柳澤厚労相との面談をしたとの連絡が入る。

国会での傍聴はもちろん、厚生労働委員会が開かれない時でも、各党の議員との面談や、マスコミ取材をこちらから設定し、永田町に薬害肝炎のことを浸透させるためのあらゆる行動を続けた。

また、厚労省記者クラブにおいて、頻繁に記者会見も行った。それが映像となって全国に流れると、上京できないが応援してくれる全国の原告や、多くのていった。

肝炎患者が観ていた。私は、声なき人の声を代弁する使命を感じるようになっ

2007年3月30日、日比谷公園での座り込み3日目の夕方、官邸に入ることができるという連絡が来た。前夜に、坂口力厚生労働大臣はじめ公明党議員の数名が官邸に要請に行ってくれたということであった。

官邸への取次ぎをしてくれた萩生田光一議員と鈴木弁護団代表と私の3人で官邸に入った。安倍晋三首相との面会は叶わなかったが、下村副官房長官に伝言を託した。

2007年6月25日、全国から肝炎患者や支援者400人が「もう待てない！　総理決断要求行動」に集結した。3月と同じく仲介役の萩生田議員と3人で官邸に入った。またしても対応したのは、塩崎官房長官であった。

その日の夕方、安倍首相が厚生労働省に新たな救済策を講じるよう指示し、

新たに薬害肝炎プロジェクトチームが設置されたとの報道があった。このことは、私たちの行動が少しずつ政府を動かすプレッシャーとなっていったことを意味している。

涙で声にならない声で、座り込み解除を宣言

2007年8月末の内閣改造で、舛添要一厚生労働大臣が誕生した。私たちにとって、厚生労働大臣に誰が就任するかは重要なことであった。

仙台地裁判決後、9月10日からの日比谷公園での座り込みは、厚生労働省の建物に向かって、参加者が代わる代わるマイクを握り訴えた。私も、その建物の大臣室に居るであろう舛添大臣にむけて、早期全面解決を訴えた。

3月の時と違って、座り込みの最中も、各党の主要議員との面談を行った。

また、臨時国会の最中だったこともあり、分担して国会傍聴にも出かけた。

しかし、座り込み3日目に、安倍首相の突然の辞任会見があった。原告団代表の私は、涙で声にならない声で、座り込み解除の宣言をしたのだった。

そんな中でも、各党の議員との面談やマスコミ取材を入れ、永田町に薬害肝炎のことを浸透させるためのあらゆる行動を続けた。

後にひかぬ決意の座り込み
揺らぐ政局に翻弄さる

毎日国会に居続けることができたのは、最初に出会った仙谷議員室と同じ階の民主党の山井和則議員が議員会館で控室を確保してくれたからだ。国会に行くたびに、仙谷議員室と山井議員室には、出田妙子原告と福田衣里子原告との

３人で頻繁に訪れた。そこで、国会や厚労省の情報も伝えていただいた。民主党の「Ｂ型・Ｃ型肝炎総合対策推進本部」の会合も何度も開かれ、その場で議員の質問に応じる官僚の情けない姿勢に初めて触れることになる。

山井議員の他にも、常に私たち肝炎被害者に寄り添って、薬害肝炎問題を国会で焦点化してくれる各党の議員が、徐々に増えていくのを感じ取ることができた。

10月に厚労省の地下倉庫から、フィブリノゲン製剤の投与により肝炎に感染した可能性のある被害者の症例が記された、いわゆる「４１８リスト（命のリスト）」が発見された。これは元厚労相の民主党菅直人議員が自ら地下倉庫に入り、ファイルを見つけてくれたのである。厚労委員会における舛添大臣と野党議員との厳しい質疑応答が繰り返され、私たち原告も必ず傍聴席から監視した。

急転直下、福田首相が「全員一律救済」の意向を表明

その頃から、舛添大臣の答弁で「一刻も早く」「徹底的に」「全力を尽くし」という言葉が頻繁に出るようになった。だが、大臣だけが気負っても周りの副大臣をはじめ官僚たちには波及しない。それでも、厚労委員会では、野党議員の攻めの質問に、舛添大臣の答弁だけは前向きであった。

歴代の大臣と違い、舛添大臣は意欲的に肝炎問題に取り組んでくれた。そんな大臣を私たち原告は応援するしかなかった。

2007年9月の座り込み以来、私たちは「全員一律救済」を訴え続けた。師走の銀座四丁目交差点の三越前でも、街頭宣伝（署名やビラ配り）を行った。

2007年12月23日、福田康夫首相は神妙な面持ちで、「全員一律救済」の

意向を表明した。急転直下の福田首相の発言を受け、翌日に私たちは、とんぼ返りで上京した。

突然に総理が表明し「議員立法」
遠き一筋の光のごとし

原告4名と弁護士2名が官邸に入った。申し入れ4度目にして叶った、首相面談となった。

福田首相は、「長年にわたり、心身ともに大変ご苦労をおかけしました。今日に至るまで、言葉に尽くせないような想いを重ねてこられたと思います。この場を借りて、心からお詫びを申しあげます」と頭を下げられた。

申し入れ四度目にして会い得たる
総理に謝罪と労いを受く

「薬害肝炎救済法」が成立した瞬間

２００8年1月8日、原告らは衆議院厚生労働委員会の傍聴席にいた。私は参考人の一人として、朝方までかけて作成した陳述書を読み上げた。各党の厚労委員からは、質問というより、原告団に対する敬意が表された後、委員長が決議をとった。全党の厚労委員の全議員が一斉に起立して賛成したのである。そして、午後には衆議院本会議場の傍聴席から、全議員が一斉に発する「異議なし」の声が議場に響き、議員立法が衆議院を通過するのを見守った。

薬害をあらせてならぬ「責任」の
言葉盛られて法成立

衆議院可決から3日後の1月11日、参議院本会場では、前方の電光板に「反対0」が光った。議員立法により「薬害肝炎救済法」が成立した瞬間だった。

電光板反対ゼロと映りつつ
全会一致にて法成立す

私はC型肝炎に感染させられてから、病気と闘い、治療と闘い、そして裁判に加わり、法廷での意見陳述をした。厚生労働省前の日比谷公園においての二度の座り込み、官邸と議員会館や政党本部を駆け巡ったり、街頭でのビラ配りやマスコミの取材を受けるなど、世論への訴えと、闘いの連続であった。自分の被害救済のことだけであれば、きっと闘いきれなかったであろう。亡くなった原告や、原告になりたくてもなれない人を含め、多くの薬害肝炎被害者の代弁者という実名原告としての使命があったことで、自分自身の裁判の5年間（2003～2008年）も闘えたのだ。

舛添大臣の孤軍奮闘を称える

そして1月15日、国との基本合意の日、調印式が行われる厚生労働省の講堂にパイプ椅子がずらりと並べられ、ステージ近くの前方には、テーブルも用意されていた。全国から集まった原告や弁護士が入場した時には、多くのマスコミがスタンバイしていた。

舛添大臣が講堂に入室し、私が座っている真正面に座り、すぐに調印式が始まった。私は準備していた筆ペンで基本合意書4部にサインし、祈るような気持ちで印鑑を押した。

5年の歳月をかけて闘ってきた訴訟も解決に向けた一定の道筋がついたのだ。肝炎対策を推し進める突破口となり、全面解決の土台ができたのだった。

私は原告団代表として、舛添大臣に対して、歴代の厚労大臣とは異なり薬害肝炎問題に孤軍奮闘されてきたことを称え、今後の肝炎対策についてもがんばっていただくようエールを送った。

国会と結びし合意に結集し
次なる闘いへ動かんとする

調印式の後は、全員が官邸に向かった。私にとっては5度目の官邸であり、首相と会えなかった時の悔しい気持ちがよみがえった。ホールにいる全員が起立して福田首相を迎え、私は基本合意締結の報告をした。

また、基本合意を山の頂上にたとえて、頂上に到達できない肝炎患者が350万人もいることを福田首相に伝えた。

他の原告らが話す今後の恒久対策についても福田首相はしっかりと耳を傾けた後、「これでよかった、ということではないのですね」と言い、「今後は、恒久対策についても政府と与党が一体となって取り組んでいきます」という今後の方針を聞けたことが、謝罪の言葉より、何よりうれしく感じた。

2008年10月10日、私自身の訴訟が終わった。国や製薬会社を相手に闘った5年半、九州訴訟原告番号一番の魁としての重責から少し解放された。この日を迎えて感慨深くはあったが、多くの被害者のためには、これはまだ通過点に過ぎなかった。

「肝炎問題は終わっていません」

そして、第二幕が始まる。

患者3団体（日本肝臓病患者団体協議会・B型肝炎訴訟原告団・薬害肝炎全国原告団）の共同で、肝炎対策基本法制定に向けての全国キャンペーン活動は、その後も1年間の苦闘を強いられた。肝炎対策基本法が成立するまでは、より一層国会へ足を運び、議員との面談を重ねる厳しい闘いであったように思う。

薬害肝炎救済法の成立後、世論はもちろん、国会においても「めでたしめでたし」「肝炎問題は全面解決した」という風潮があった。その中でも、あらゆる場で「肝炎問題は終わっていません」と言い続けて1年が経った。肝炎問題の灯火を消さないために、世論に国会に訴え続けた1年であった。

党でのヒアリングを実施したり、議員を個別に回ったりして、今後の法案の行方についても相談した。民主党でのヒアリングの場では、民主党ネクスト厚労大臣に就任されたばかりの藤村修議員が熱心に耳を傾け、「肝炎法案は超党派で取り組むべき問題だ」という見解を示された。

翌日には、共産党の小池晃議員が全党協議を呼びかけ、国会で燻（くすぶ）っていた肝炎問題の灯火が、再び燃えるきっかけとなったのだ。

一方、薬害肝炎救済法の成立以来、肝炎患者の待ったなしの実情を話すために自公議員の議員室へも足繁く通った。衆参議員会館のみならず、自民党本部や国会へも訪れた。

自民党の園田博之議員、野田毅議員、公明党の太田昭宏代表、江田康幸議員とは何度も会って話をした。

全国キャンペーンで集めた署名をまとめた約9万筆を持って、患者3団体で請願活動を行った。それまで、個人的に面会し続けていた自民党の野田毅議員、山﨑拓議員をはじめ、多くの与野党議員が紹介議員となってくれたことから、国会での大きなうねりになると実感した。

政局ばかりで、肝炎法案を協議する気がなかった鳩山代表

そして、薬害肝炎救済法を議員立法で成立させたときの議員がいるうちに肝炎対策基本法を実現させなければと、薬害肝炎全国原告団としての使命感が強くなり、元首相であった安倍晋三議員と福田康夫議員にも面会を申し入れ、会うことができた。

このころ、与謝野馨大臣から「安心社会実現会議」の委員になってほしいと言われ、私は引き受けることにした。その活動については後述する。

このころには各議員の秘書に顔を覚えてもらうまでになったことを武器にして、衆参722名の全議員室を原告3人の応援を得て、4日間で回りきった。

衆・参議員七百二十の戸を叩き
名刺配りて頭を下げぬ

その間に、民主党は小沢代表から鳩山代表に交代した。藤村修議員を通して平野博文議員のところへ行き、鳩山由紀夫代表との面談が実現した。

民主党本部の部屋には、マスコミもたくさん待ち受けていた。3団体が座った反対側には、山井議員、仙谷議員、藤村議員、菊田議員が座っている。後から平野議員とともに鳩山代表が部屋に入ってきた。だが鳩山代表は、民主党の肝炎対策本部会議の終わりに民主党議員が言う常套句である「民主党が政権をとった暁には…」と、立ったままで言い放った。

衆議院解散を前にして、民主党議員は政権のことばかりが頭にあって、肝炎法案を協議する気がないことがわかった。私は腹立たしい思いだった。

鳩山代表が退席された後ではあったが、私は最後に「どの党が政権をとっても、誰が首相であっても、私たち肝炎患者は早期に法案が成立することをお願いしているのです」と発言した。

政治家は、与野党の政局をめぐる攻防よりも、切迫した問題を抱える国民のための政策審議を第一に考えるべきだと痛感させられる経験だった。

選挙前与野党の激しき駆け引きに

翻弄さるる重要法案

国会議員の傲慢さを垣間見た瞬間

２００９年の政権交代後の臨時国会では、政治の責任を果たしてもらおうと静観の態勢でいたが、国会が召集されても、肝炎法案は上程されないままであった。

手柄取り透けて見えつつ国会は
　またもや法案廃案にせり

当事者である患者自らが動かなければ何も進まない現状を改めて思い知らさ

れ、国会要請行動を重ねた。

それからは、毎週月曜日の朝一番の便で上京し、永田町に向かった。まずは、共産党の小池晃議員と仁比聡平議員のところへ向かった。自民、民主の動きが見えなくなると、いつしか政権とは無関係である共産党の議員に相談に行くようになっていた。

また、下野した公明党の山口代表、自民党の谷垣総裁とも面談を重ねた。

私は、松野頼久官房副長官に鳩山総理との面談を何度も要請し、何時間もロビーで待ち続けた日の夜に、やっと総理面談の緊急連絡を受けた。

そして、面談の日、総理は最後の言葉を「この臨時国会で、政争の具とすることなく超党派での解決を目指していきたい」と締めくくった。

ところが、総理面談のわずか2日後、国会内の国会対策室で、民主党の山岡国対委員長と面談した時のことだ。「この肝炎法案は政争だ。手柄とりだ」という発言に、私は面食らってしまった。こういうことを議員から面と向かって言われたのは初めてだったからだ。国会議員の傲慢さを垣間見た瞬間であった。

国会は大荒れで、とりわけ厚労委員会では新型インフルエンザ問題が議論されていた。そんな中、共産党の高橋千鶴子議員から、肝炎法案の自公案共同提出から1週間遅れて、民主党案が実務者会議にやっと提示されたことを聞いた。その夜は、ぐっすり眠ることができた。また、公明党の古屋範子議員が厚労委員会で、肝炎対策のためには予算の確保が重要だと述べた。

「肝炎対策基本法」が成立し、全面解決への道筋が

参議院厚労委員会でも議論され、社民党の福島みずほ議員の力強く歯切れのよい質疑は、傍聴する者にはわかりやすかった。

臨時国会のタイムリミットの最後の週に、肝炎法案の提出をきっかけに、自公案プラス民主党前文で委員長提案となった。

しかし、厚労委員会を傍聴している最中に私は自民党の大村秀章議員から呼び出され、付帯決議の内容について説明を受けた。また、民主党の柚木道義議員からも手招きされ、原告から厚労委員へお願いの呼びかけを依頼される。そして、決議案が全党からの超党派での協議へと繋がっていく。

11月26日、藤村厚労委員長の趣旨説明の後、肝炎対策基本法は全会一致で可決された。超党派による議員立法で、すべての肝炎患者の救済を目指す肝炎対策基本法が、閉会間際のぎりぎりで衆議院を通過したことがうれしく、ほっとした。

肝炎法案が衆議院を通過したことへのお礼に、自民党の野田毅議員と園田博之議員のところに向かった。薬害肝炎救済法が成立する以前から、何度も会って私の話に耳を傾けてくれ、実際に当時の福田首相への働きかけをしていただいた議員でもある。

野田毅議員も園田博之議員も「あなたたち患者が喜んでくれればそれが一番だ」と言って、法案が成立することを喜んでくれたのである。この言葉こそ、私が国民の代表から聞きたかった言葉であった。

11月30日、参議院にて全会一致で可決し、2年ごし3度目の国会で肝炎対策基本法が成立した。ようやく肝炎問題全面解決への大黒柱が立ったのである。

議場にてそれを確認した後、全党へのお礼の挨拶まわりを開始した。裁判当初から『薬害肝炎救済法』成立まで導いてもらった各党の議員、また、「命の問題は超党派で」と、その後も引き続き「肝炎対策基本法」成立に尽力いただいた議員への挨拶であった。

私たち原告には、超党派の国会議員の支えがあったのであり、この関係こそが、国民が政治に参加して社会をよりよくしていく道筋なのだと思う。

第4章

国会議員との信頼関係を拠点にして

私たちを質問攻めにした安倍議員の熱意はどこに？

前述したように、薬害肝炎救済法の成立後は、世論はもちろん国会においても「めでたし、めでたし」「肝炎問題は解決した」という風潮があった。そういうなかで薬害肝炎原告団は、あらゆる場で「肝炎問題は終わっていません」と言い続け1年が経っていた。私たちは、肝炎問題の灯火を消さないために、世論に国会にと訴え続け、衆参議員会館の議員室へ足繁く通った。

2009年3月31日、全国キャンペーンで集めた約9万筆の署名を持って、患者3団体（日本肝臓病患者団体協議会・B型肝炎訴訟原告団・薬害肝炎全国原告団）で請願活動を行った。それまで、個人的に面会し続けていた自民党の野田毅議員、山﨑拓議員をはじめ、多くの与野党議員が紹介者となってくれたことから、国会での大きなうねりになると実感した。

また、薬害肝炎救済法を議員立法で成立させた時の議員の在任中に肝炎対策基本法を実現させなければという、薬害肝炎全国原告団独自の使命感もあり、元首相であった安倍晋三議員に面会を申し入れ、会うことができた。

第1次安倍内閣時代、官邸に3度も行ったが、実際に会うのは初めてであった。その際に、以前私たち原告団と面会しなかった笑い話のような理由を聞かされた。「20兆円（実際には20億円）を要求している左派の女性たちを官邸に入れてしまったら官邸から動かない」と、当時の官僚から聞いていたというのである。

すかさず私は、「その女性は私たちのことですが、そんな風に見えますか？」と言って、安倍議員と一緒に笑った。

薬害肝炎問題の正しい情報が安倍首相には入っていなかったことが明らかに

なった。無責任な官僚たちが、恣意的にバイアスをかけて伝えていたのである。

また私たちは、福田首相が謝罪したとき、私たちの前で言明した恒久対策(「これでよかった、ということではないのですね。今後は、恒久対策についても政府と与党が一体となって取り組んでいきます」)の必要性を伝えた。そのためか、安倍議員は私たちに質問攻めをしてきた。私たちの説明に素直に耳を傾ける姿勢は、これまで面談した議員には見られないものだった。

ところが、第2次安倍内閣の首相になってからは、あの下野時代のまっすぐな姿勢が全く見られなかったのが残念でならない。

未来を生きる子どもの教育を見捨てない議員

薬害肝炎救済法の制定(2008年1月)のみならず、肝炎対策基本法成立

（2009年11月）までの闘いは、原告団代表として政治家に働きかけることが中心であった。

6期12年間、代表を再任するたびごとに、「私の役割は国対（国会議員対応）です」と、みんなに確認をとったぐらいだ。

もし薬害肝炎原告でなかったら、国会に行くこともなかったであろう。もし原告団代表でなかったら、多くの国会議員と会うこともなかったであろう。

国会とは、国民の生命・生活を第一に考え、700余名の議員の知恵と能力を集めて論戦が繰り広げられるところだと思っていた。しかし、そうではなかった。私たちは、議員の保身や混乱した政局ばかりを見てしまったのである。

しかしながら、国会議員は私たちが選んだ代表者である。そして、この政治の上に国民の生活が成り立っていることも実感した。幼児教育について考えるときも、やはりこのことを起点にする必要があると思う。

私は、多くのことを共感でき、学ぶことができた議員に出会えた。それらの議員に共通するのは、目先のことだけではなく、この国の未来を見すえていることだ。彼らは、未来を生きる子どもの教育を見捨てることはないと思う。そういう議員の姿勢に接することで、私は政治への期待を無くさずに済んだのである。

とりわけ心に残る議員について振り返ってみたい。

与謝野馨衆議院議員（自民党、2017年5月21日死去）

与謝野議員が、「薬害肝炎救済法」の発案者としてご尽力いただいたことは、原告団として承知していた。また、2009年1月の「基本合意1周年集会」にも来場・登壇され、お話をしていただいた。

私たち原告団は、救済法成立直後から患者3団体（日本肝臓病患者団体協議会・B型肝炎訴訟原告団・薬害肝炎全国原告団）の共同で、肝炎対策基本法制定を推し進める全国キャンペーンを行っていた。

そのさ中の3月3日夜8時に、指定された全日空ホテルのロビーで、与謝野大臣と直接初めてお会いした。嶋田秘書官と二人で来られていた。

与謝野大臣の一声は、こうだった。

「今、会議を抜けてきました。本当は、私は政治家に向いていないのです。どちらかと言えば、医療のことには詳しいのですよ。医療系の本や哲学の本を読む方がよいのです」

その言葉で、緊張していた私の気持ちは一気にほぐれた。

「一国の総理を罵倒する国会質疑の様子を子どもたちに見せたくないです。教育上よくないです」

日ごろ思っていることをいつもの調子で話すと、大臣も同意してくださった。しばらく教育や医療について語り合った後、現在の国家を憂えて立て直したいとの思いから、外部から直接総理にものを言う第三者的な諮問機関「安心社会実現会議」を開催したいと言われた。

そして、その会議のメンバーになるよう依頼された。ありがたいお声がけではあったが、私が諮問機関の性格として一番気になったのは、各党派にとらわれる会議ではないか、ということと、自民党政権がやってきた政策を礼賛する会議ではないか、ということだった。それを確認し、そうではないとうかがった上で、引き受けることにした。

大臣からは、詳しい内容の説明はあえてされなかったように感じた。後日、大臣が高く評価し信頼されている嶋田氏と香取氏から、「わが国の社会保障」「切れ目のない社会保障」について丁寧なレクチャーを受けた。上京時はパソコンを使える環境でないため、会議で命の問題や教育の問題について意見を述べる際には、私が依頼した資料を弁護団や文科省の役人に準備してもらうなど便宜をはかってもらった。

渡邉恒雄委員の怒りを買ったこと

4月13日の「安心社会実現会議」の初会合の場で、与謝野大臣は「超然たる立場から自由な議論をお願いしたい。特定の政党、内閣の立場や利害を慮る必要はない」と挨拶された。後に流行語にもなった「忖度」する必要はなく、政治的思惑を超えて、率直に論じてほしい、何の遠慮も要らないという意味であったと思う。

第1回の会議から、私にとっては全国キャンペーンにおける街頭宣伝ならぬ官邸宣伝をやるようなものだった。全国キャンペーン中に国会議員に配布した4点セット（薬害肝炎訴訟基本合意後の動き、肝炎患者支援のための全国キャンペーンの記録、『もう待てない！　三五〇万人のいのち』のチラシ、肝炎対策基本法の制定に関する署名用紙）を提出資料として配布した。

他の委員からは顰蹙を買ったかもしれない。だが、麻生首相に直接伝えることができたことに満足した。15名の委員の中で、一人だけ異色でも、一人だけ女性であっても、私には問題なかった。350万人の思いを首相に伝えたいという、この一点だけで会議に臨んでいたからだ。

第4回の会議の際に事件が起きた。それは、国会やマスコミに対しての私の意見が讀賣新聞主筆・渡邉恒雄委員の怒りを買い、場が凍り付いてしまったのだ。

私の意見は、かいつまんで言えば以下の3点だった。

「一委員（渡邉委員）が提案された厚労省分割再編ばかりが報道され、衆院選のためのパフォーマンスだとの思惑が広がっていることが残念です」

「国民は党利党略に嫌気が差しています」

「具体的に提示（前回の会議で渡邉委員が提案した厚生労働省分割案）することは政治家の役割です。この会議には哲学を持って各委員は臨んでいると思いますので、ここは国家像を語る会でよいのではないのでしょうか」

この私の意見に対して、私の隣の席の渡邉委員が鼻息荒く言われた。

「特定の一人が云々というようなことを言われたので、黙っていられないから……何か党利党略に新聞社の主筆たるものが便乗して振り回されているようなことを言われたが、取り消していただきたい。無礼だ」

この年代の男性特有のものか、渡邉委員の資質なのか、根本に女性蔑視があることをまざまざと思い知らされた一件であった。

薬害肝炎救済法の案をつくった与謝野議員

その夜、会議の雰囲気を壊したことを謝るために与謝野大臣に電話を入れた。するると大臣は、「山口さんは、自分の思っていることを遠慮せず言っていいのですよ」と言ってくれた。私はホッと安堵し、大臣への信頼をさらに深めたのである。

4~6月に5回集まって意見交換をした会議が終わってからは、与謝野議員と面会する時は、議員会館ではなく、四谷の個人事務所を訪れた。

あるとき、薬害肝炎救済法ができるまでの経緯を私たち原告に語られた。自分で特別救済立法の案をつくったことを初めて話され、その手書きの原稿を机から出して見せてもらった。その後、他の原告と事務所を訪問した際に、その原稿のコピーをそれぞれに渡された。私はその用紙の下にサインしてもらった。

与謝野議員の著書『全身がん政治家』（文藝春秋、２０１２年６月）にも、Ｃ型肝炎救済について次のように書かれていた。

《２００７年12月20日、珍しく但木敬一検事総長から一本の電話が入りました。「与謝野さん、Ｃ型肝炎の問題はきちんと片付けないと、福田内閣も沈没するし、自民党も沈没しますよ。解決できるのはあなたしかいない」

血液製剤に混入したウイルスによってＣ型肝炎になった患者たちが、国と製薬会社を訴えた問題で、そのころ大阪高等裁判所が国の責任を認める和解案を提示していました。

電話口で無関心だった問題の重要性を指摘された私は、自分で次のような特別救済立法の案をつくりました。

特別救済立法（要点）

1、国は無過失の責任を含め、薬剤投与によって発生したC型肝炎に対し、一律一括の救済措置をとる。
2、救済の申し出は裁判形式によらずとも、患者の立場を考慮した立証方法とする。
3、救済の内容は大阪高裁の勧告で示されたものと同様のものとする。
4、本件は行政判断を超えるものであるから議員立法とする。

すぐにこの案を但木総長に送ると、翌日、コメントが届いたのです。

この問題は自分の体験から患者の不安が容易に想像できたので、解決の糸口を作ることができ、よかったと思っています。

民主党政権を倒すために、自民党を離党し新党を立ち上げました。

私の中では、自民党でも民主党でもよかったのです。ただ、この国を立て直すために一刻も早くすべきことをしなければならない。特に財政再建は待ったなしです。

政党など関係なく、今この国にとって必要な仕事をするべきだと考えていました。いい仕事がしたい。そして、少々生き急いでもいた。それで、入閣要請をお受けし、「立ち上がれ日本」を離党しました》

お別れの弔辞で薬害肝炎救済法のことが語られた

この著書を献本いただいた2012年の後も、4つ目の下咽頭がんの切除と喉の再建手術後も、事務所を訪れては与謝野氏からいろいろなお話を伺うことができた。

2017年、「与謝野馨さん（元自民党衆議院議員、元官房長官）5月21日死去」の訃報が流れた。

その10日ほど前に、毎日新聞オピニオンに投稿した私の発言「被害者救済に法改正急げ」が掲載されることになり、読んでいただくよう与謝野氏にショートメールを送っていたのだ。

政界は引退しておられたが、救済法成立はもちろん、一回目の改正法案の時も被害者救済の現状等の説明に事務所を訪れた。私一人で、数名の原告と、弁護士と、何度も訪れた。薬害肝炎全国原告団で出版した『薬害肝炎とのたたかい　350万人の願いをかかげて』（桐書房、2009年10月）や、私自身が出版した『いのちの歌　薬害肝炎たたかいの軌跡』（毎日新聞社、2010年3月）を持参したのも、四谷の事務所であった。

お別れの会に薬害肝炎全国原告団代表として参列し、献花した。お別れの会実行副委員長の但木敬一氏（元検事総長）の弔辞では、与謝野氏の国会議員としての功績の最初に薬害肝炎救済法のことを挙げられた。一緒に参列していた原告らとともに強く心を動かされ、改めて感謝の念が沸き上がった。

与謝野氏は、初めてのがん告知以来、4つのがんと向き合い、悪性リンパ腫と下咽頭がんの再発も乗り越えながら、政治家としての仕事も全うして、35年間を生きてこられたのだった。

園田博之衆議院議員（自民党、2018年11月11日死去）

園田議員の訃報記事には、「水俣病被害者救済特別措置法制定」の中心とはあるが、「薬害肝炎被害者救済法成立」に陰ながら尽力されたことは、あまり知られていない。

わが党、あるいは自らがいかに尽力したかばかりをひけらかしたり驕ったりする国会議員が多い中で、稀有な議員の一人であった。「命の問題は超党派で」と訴える薬害肝炎原告団に共感し、ポピュリズムを嫌い、本当の多様性を重んじる政治家であった。

政治のことなど全く関心のない私が子どものころ、父の発する「園田直さん」だけは、よく耳にしていた。その園田直さんが園田議員の父親であることから、私の中では馴染みの議員と感じられたのである。それゆえ、動じることなく党本部を訪れることもできた。

私が熊本出身ということや、父の天草赴任時代に弟が誕生したことなど、身近な話も聞いてくれた穏やかな顔が思い出される。

私の携帯には、園田議員本人の電話番号が登録されているが、今も消去せずにそのまま残している。面会のアポイントを議員の電話に直接かけたり、留守電を入れた後に必ず議員から電話いただいたりと、気さくに丁寧に対応してもらった。

毎日新聞出版　愛読者カード

本書の タイトル「　　　　　　　　　　　　　　　　　　　　」

●この本を何でお知りになりましたか。

1. 書店店頭で　　　　　2. ネット書店で

3. 広告を見て（新聞／雑誌名　　　　　　　　　　　　　　　　　）

4. 書評を見て（新聞／雑誌名　　　　　　　　　　　　　　　　　）

5. 人にすすめられて　　6. テレビ／ラジオで（　　　　　　　　　）

7. その他（　　　　　　　　　　　　　　　　　　　　　　　　　）

●どこでご購入されましたか。

●ご感想・ご意見など。

上記のご感想・ご意見を宣伝に使わせてくださいますか？

1. 可　　　　　2. 不可　　　　　3. 匿名なら可

職業	性別 男　　女	年齢 歳	ご協力、ありがとうございました

郵便はがき

料金受取人払郵便

麹町局承認

1763

差出有効期間
2022年1月31日
まで

切手はいりません

102-8790

209

(受取人)
東京都千代田区
九段南 1-6-17

毎日新聞出版

営業本部　営業部行

ふりがな	
お名前	
郵便番号	
ご住所	
電話番号	(　　　　　)
メールアドレス	

ご購入いただきありがとうございます。

必要事項をご記入のうえ、ご投函ください。皆様からお預かりした個人情報は、小社の今後の出版活動の参考にさせていただきます。それ以外の目的で利用することはありません。

最初に面会した2007年当時、園田議員は党の政調会長代理という立場だった。国会議員会館の議員室ではなく自民党本部の部屋にいることが多く、私の面会要請には必ず応じてもらい、何度も部屋を訪問した。

園田議員のいる部屋は、いつもタバコの匂いがした。でもそれは、私にとっては落ち着く香りだった。父が喫煙する環境で育ったことと、園田議員の貫禄があると同時に温かで穏やかな姿勢から、そう感じたのだと思う。

薬害肝炎救済法の成立後、先に触れたように、与謝野馨経済財政担当相から麻生政権内閣府の「安心社会実現会議」の委員になってほしいと要請があり、薬害を命の問題として提起する絶好の機会と捉えて引き受けた。後日、私を推薦してくれたのが園田議員であることを与謝野大臣から聞かされた。

また、救済法成立の際、与謝野議員と共に福田康夫首相に働き掛けたのも園田議員だったという。議員本人から直接聞いたことはなかったが、感謝の念は時間が経っても尽きることはない。

国民の声を汲み上げる政治姿勢と、その人柄

原告団が「第二幕」と位置づけた肝炎対策基本法の成立まで臨戦態勢の覚悟を決めて国会に通い、厚労委員会を傍聴した。２００９年の秋の臨時国会ほど政局に翻弄されていると感じたことはなかった。そして、会期末の11月30日に、基本法は綱渡りのゴールを迎えるかのように、ついに成立した。

それを見届けた足で、自民党の園田議員と野田毅議員に面会に行った。議員は二人とも「あなたたち患者が喜んでくれれば、それが一番だ」と言って、法案が成立したことを喜んでくれた。

２０１３年1月「国との基本合意5周年記念集会」の際、会場のパネル全面

に国会議員からのメッセージを貼ることになっていたのだが、当日の朝になって数カ月前から依頼していた各党の国会議員からのメッセージを確認していると、園田議員から届いていなかった。

私は直接ご本人に電話して、「ご尽力いただいた先生からのメッセージがぜひ欲しいです」と言うと、10分後にはファックスが届き、確保していたスペースに自分で丁寧に貼ることができた。

自民党を離党（後に復党）されてからの面会は、国会議員会館の議員室に移ったが、在室の限り応じてもらい、そこでも私の「救済法改正法案」や「医薬品監視組織」の話に真摯に耳を傾けてもらった。

最初の面会からかれこれ10年以上、何度もお会いする機会はあったが、「国との基本合意10周年記念誌」へのメッセージ依頼に各議員室を回った際にも、立ち話ではあったが、直接ご本人に記念集会への参加と、記念誌へのメッセージをお願いできた。

「与謝野先生が亡くなられて悲しいです」と伝えると、「そうだねぇ」と同調して暗い表情をされたのが、私にとって最後の面会となった。

　2018年2月3日の「国との基本合意10周年記念集会」には、議員の参加は叶わなかったが、私が催促するまでもなく、次のメッセージが届けられた。

「薬害の再発防止や肝炎対策の充実に向けた、これまでの皆様の精力的な取り組みに、深く敬意を表します。今後このような薬害の悲劇を二度と起こしてはならない。その決意の下、これからも皆様と力を合わせて、医薬品の安全性確保、治療体制の充実等に向けて、私も国政の場で力を尽くしてまいります」

　園田議員の、国民の声を汲み上げる政治姿勢とその人柄は、いつまでも忘れることができない。

坂口力・元厚生労働大臣（公明党）

最初の実名原告として福岡地裁に提訴した2003年の薬害根絶デーに参加し、「誓いの碑」の前で要請書を渡した時の厚労大臣が坂口大臣であった。最初の厚労委員会の傍聴も、坂口大臣に対する質疑であった。その大臣の答弁で忘れられない内容があった。それは、大臣が医師時代の自分の患者であった人に数十年後に会った時、施術した箇所が気になって本人に尋ね、完治していたのを確かめてホッとしたという話であった。

元医師が厚労大臣であれば、私たち薬害肝炎被害者の気持ちを理解してもらえる、と思った瞬間であった。

2007年3月の東京地裁判決後、厚生労働省の向かい側の日比谷公園で、

「かえせ！　いのちを」をスローガンに、不退転の座り込みをすることになった3日目の夕方、官邸に入ることができるという連絡が入った。前日の夜に、坂口議員をはじめ公明党議員の数名が官邸に要請に行ってくれたということであった。安倍首相には会えなかったが、官邸への重い扉が開いたのである。

民主党政権となって、肝炎対策基本法を求めての議員回りでも、最初に坂口議員室に相談に行った。その時の第一声が、「原告団のシンボリックであった若い女性（福田衣里子さん）が民主党議員になったね」だった。それに対して私は、「原告団から出馬したのではなく、福田さん個人として出馬したのですよ」と言うしかなかった。

既に、他の自公議員からは、「後ろ足で砂をかけられた思いだ」と言われていた。坂口議員はそのことは口に出されず、党派を超えて活動している原告団代表である私を労われたのだ。

坂口議員には公明党議員であることより、元厚労大臣として接していただいたように思う。

2012年に国会議員として現場を退かれてからも、坂口氏のおられるところまで訪ねていき、薬事行政を監視する第三者組織の創設に向けてのアドバイスなどを受けた。

党派を超えて尊敬されていた厚労大臣

そして、薬害肝炎救済法10周年記念式典での講演の依頼のために、事務所を構えておられた東京駅近くのビルの一室を訪ねた。ランチをご一緒させてもらい、おいしいカレーや蕎麦をごちそうになったこともある。

特別に政治の話をするわけでもなく、赤坂議員宿舎で議員に書道を教えている話を聞いたり、議員の職を退いた後も議員への指導を続けているという近況を伺ったりした。民主党議員の山井議員はまじめに書道に取り組んでいると話してくれた。厚労大臣と野党議員であれば、激しい質疑攻防戦を繰り広げたであろうが、党派を超えて尊敬されていた大臣であったことが窺える。

私にとっても尊敬できる数少ない議員の一人であった。がんを克服され、80代の年齢になっても働かれている姿に感動を覚えた。また、大学教員応募に失敗していた私にとっては、なおさらのこと勇気をもらった。

私が10年以上、薬害肝炎原告団代表として活動してきたことを認めてもらった坂口氏だからこそ、ライフワークとして取り組んできた幼児教育研究のことや学術論文を書きあげたことなども話し、それが本書の執筆につながった。

２０１８年の「国との基本合意10周年集会」において、第３部の基調講演をお願いした時も、快く引き受けていただいた。

「当事者だった私が話をするのはどうかと思いましたが、代表の山口さんに説得されました」と会場の笑いを取りながら、医師として三重大学で輸血行政にかかわった経験に基づく深い考察を、スライドを自ら操作しながら説明された。最後に、「国会がリーダーシップを取り、原告団と厚労省でまずは第三者組織の枠組みづくりを」と呼びかけて、降壇された。

太田昭宏衆議院議員（公明党）

「国との基本合意10周年記念誌」に、太田議員からは次のメッセージが寄せられた。

「2007年も暮れの12月、寒空のなかでの座り込み、集会の姿を今も思い起こす。当時の福田首相と何度も話し合い、この基本合意ができました。翌年の国会において、救済法が成立、衆議院通過の時に、公明党議員総会で喜びの報告をしていただき、その光景は忘れることができません。

まだC型肝炎感染であることを知らない被害者も多く、救済できるように救済法の延長をします。

そして薬害被害の救済と再発防止に、力を注いでいきたいと強く思っています」

太田議員と最初に面談したのは、党代表に就任された2006年であり、私自身も薬害肝炎原告団代表として自主的に国会回りなどの活動を始めた頃であった。そのころから太田代表と呼びなれて、頻繁に議員室を訪ねた。

そして、太田代表自身もB型肝炎で週に数回の注射投与をしていると明かされ、私はさらに親近感を抱いた。秘書の携帯番号のみならず、太田代表の携帯番号も教えていただいたが、こちらから連絡する時は秘書にショートメールを送信すると、すぐに返信があり、時には議員から電話がかかってくることもあった。

2009年7月、私は国会にいた。全党からのメンバーで「薬害再発防止議連」発足を翌日に控えていた。ところが、突然の衆議院解散で、国会のすべての審議が止まったのである。

議員会館のロビーに来ていた私に、太田代表から恐縮して電話があり、私は「また一から始めなければならないのですか」と未練がましい言葉をぶつけた記憶がある。

そして、衆議院議員の総選挙で、太田代表は勢いのあった小沢ガールズの青木愛氏に敗れて落選してしまった。

これまで頼りにしてきた太田議員をはじめ、自民党の萩生田光一議員や共産党の小池晃議員の落選に大きなショックを受けた。原告団としても大きな痛手であった。

3年もの間、国会回りをしてわかったことは、口先だけで偉ぶった態度の議員が多い中、国民の小さな声にも耳を傾ける議員、即行動に移そうとする議員は一握りしかいないということであった。

とにかく行動が早い太田議員

その一握りの議員が2012年の衆議院議員選挙に当選復活された時は、心からうれしかった。夜中の「当確」放送を受けて、各議員の携帯にお祝いのショートメールを送った。そしてすぐに「頑張ります」の返信をもらった。

太田議員が国土交通大臣に就任されてからは、私は国土交通省へ訪ねていき、原告団活動の経緯などを話した。

2014年2月の大雪の時も訪ねた。当時、厚労副大臣だった公明党の桝屋敬悟議員に電話を入れて、面談を設定してもらった。ただ、省から議員会館までの道は深い雪に覆われて車も通らず足跡もない。雪道を転がるようにやっとのことで歩いたのは、今でも忘れられない思い出だ。

2017年度の通常国会が始まると、2回目の救済法（5年の期限立法）改正に向けての要請のために、まず太田議員を訪ねた。すぐに厚労委員である江田康幸議員に連絡され、公明党でのヒアリングの日程が組まれた。

また、同じ階の自民党の田村憲久衆議院議員室に同行して「山口さんの話を聞いてやってください」と紹介していただくなど、とにかく行動が早いのである。

1回目の救済法の改正法案までは、国会で薬害肝炎について知っている議員はまだいたが、それから5年経った2回目の改正法案を再び盛り上げるのは、大変な作業であった。しかし、太田議員をはじめ、薬害肝炎救済法や肝炎対策基本法に尽力していただいた議員が取り上げてくださり、5年ぶりに国会の議題となり、ついに2回目の改正法案が成立したのである。

舛添要一元厚生労働大臣

衆議院第1議員会館、衆議院第2議員会館、参議院議員会館の地下にはそれぞれ食堂があり、国会要請中の私たちも昼休みには食堂で昼食をとる。その食堂では、議員本人が食事しているのを見かけることはほとんどなかったが、舛添議員が一人で、参議院議員会館の食堂に速足で移動する姿を何度か見かけたことがある。

2007年8月末の内閣改造で、舛添要一厚生労働大臣が誕生した。私たちにとって、厚生労働大臣に誰が就任するかは重要なことであった。新内閣発足の翌日には、舛添大臣の事務所に、入閣お祝いのメールを送った。そのメールに私はこう綴った。

「私たち172名の原告は、血液凝固因子製剤によってC型肝炎に感染させられた薬害肝炎被害者ですが、『第二の国民病』と言われるように、肝炎被害が拡大したのは、不適切な医療行為が長く放置されたことに起因すると指摘されています。

また、司法の場においても、薬事行政における対応の不備を認める判決が4度でています。大阪地裁、福岡地裁、東京地裁、名古屋地裁において、明らかに国の責任が断罪されています。

にもかかわらず、これまでの厚生労働大臣は、何ら落ち度がないのに深刻な被害を受けた原告と会うことすら拒否し続け、控訴を重ねてきました。そして、官僚の言い分のみを聴き、裁判体制強化の方に力を注いできました。

これが、『国民の生命と健康を守る』行政のトップの姿勢と言えるでしょうか。

9月7日の仙台地裁判決後、5度目の勝訴判決をもって舛添大臣に面談要請に参ります。もうこれ以上国民と争うことをやめて、解り合える場をもうけてください。

多くの肝炎患者が自分に残された時間と闘いながら、一日も早い解決を待ち望んでいます。

どうぞよろしくお願い申し上げます」

就任当初は薬害肝炎問題に消極的に見えた

さらに、大臣の薬害肝炎問題に対する所信表明後にもメールを送った。そのメールの末尾でこう訴えた。

「3月30日、官邸で下村前官房副長官より政府と与党が一体となって検討することを言明されて、5カ月経過しています。そして、6月25日、再び官邸にて塩崎前官房長官と面会することができ、その日、安倍首相より柳澤前厚労大臣へ『従来の肝炎対策の延長線ではない対策を講じる』という指示がされています。

しかし、与党PT（プロジェクトチーム）が数回開かれただけで、何ら目に見える具体的対策はとられていません。この間も、原告がまた一人亡くなりました。待ったなしの被害の実態であるにもかかわらず、私たちはいつまで『検討』を待てばよいのでしょうか。

本気で肝炎対策を考え検討されるのであれば、早期に『薬害肝炎訴訟』を解決してください。

国民の信頼が得られる厚生行政を期待しています」

しかし、新任の舛添大臣は、会見において「多くの難病の患者との兼ね合いがある」との発言ばかりで、薬害肝炎問題には消極的であった。

仙台判決後の9月10日からの日比谷公園での座り込みは、厚生労働省の建物に向かって、参加者が代わる代わるマイクを握って訴えた。私も、その建物の大臣室に居るであろう舛添大臣に向けて、早期全面解決を訴えた。

3月の時と違って、座り込みの最中も、各党の主要議員との面談も行った。また、臨時国会の最中だったこともあり、分担して国会傍聴にも出かけた。各党の議員との面談やマスコミ取材を入れ、永田町に薬害肝炎のことを浸透させるためのあらゆる行動を続けた。

舛添大臣と初めてお会いしたのは、2007年11月7日の大阪高裁が和解勧告を出した日であった。大臣面談が急きょ設定され、早朝に新幹線で東京から大阪高等裁判所に行っていた私たちは、再び新幹線で東京へ戻ってきた。

責任回避する官僚トップの元医薬局長を更迭

その1年半前の大阪地裁判決後から、大臣面談を要請し続けてきたことがかなう瞬間であり、全面解決に一気につながる大臣の言葉を期待していた。早朝から大阪高裁の和解勧告に備えるなど、心身は疲労の極みにあって、大臣が来るのを緊張して待っていた。ところが、私たちの構えとは裏腹に、大臣はにこやかに手を上げて登場し、私たちの表情はさらに強ばった。強い語気で要請書を読み上げる私が、テレビに映っていた。

それでも、薬害肝炎被害者の声を大臣に直接伝えることができた歴史的な日となり、大臣自らが解決への判断をするきっかけとなったことは確かであった。

舛添氏は、『舛添メモ 厚労官僚との闘い752日』（小学館）に、この時のことを次のように記している。

《歴代の厚労大臣にことごとく面会を拒まれてきた患者さんたちのこれまでの苦労を思うと、私は自然と目頭が熱くなるのを禁じえなかった。こう述べた。

「国と患者さんの立場を超え、心を一つにして和解をまとめさせていただきたいと思っています」

厚労省の役人は依然、和解に消極的だったが、高裁の勧告を受けようやく和解案作りが本格化する》

国会においても、10月に厚労省の地下倉庫から発見されたいわゆる「418リスト（命のリスト）」が取り上げられてからは、舛添大臣と野党との厳しい質疑が繰り返され、私たちも毎回傍聴席から監視した。

厚労委員会では、野党の攻めの質問に対して、舛添大臣の答弁だけは相変わらず前向きであった。そのころから、大臣の答弁で「一刻も早く」「徹底的に」「全力を尽くし」という言葉が頻繁に出るようになり、私は『正』の字でカウントしたぐらいだ。

歴代の大臣と違い、舛添大臣が意欲的に肝炎問題に取り組んでいることは確かであった。大臣の言うことを官僚が聞かないのだから、私たちが大臣を応援するしかなかった。

大臣だけが気負ってもその周りの副大臣をはじめ官僚たちには波及しなかった。しかし、舛添大臣は、基本合意締結2日後に「命のリスト」問題について、責任を回避してきた官僚トップである元医薬局長を更迭し、理事長を辞任させたのである。

在野から私たちに寄り添ってくれるメッセージ

2008年1月15日の国との基本合意の日、調印式がある厚生労働省の講堂にはパイプ椅子が並べられ、ステージ近くの前方にテーブルが用意されていた。全国から集まった原告や弁護士の入場を、多くのマスコミが待ち受けていた。私はマイクが置かれたテーブルの中央に座り、舛添大臣が登場するまで、福岡から羽田までの機内で書いたメモを何度も読み返した。

大臣が講堂に入室し、座っている私の真正面に座り、すぐに調印式が始まった。私は準備していた筆ペンで基本合意書4部にサインし、祈りを込めて押印した。

これまで5年の歳月をかけて闘ってきた訴訟も解決に向けた方向性が見えた。

肝炎対策を推し進めるための土台ができたのだった。

繰り返しになるが、私は原告団代表として大臣に対して、歴代の厚労大臣とは異り薬害肝炎問題に力を注がれたことを称え、今後の肝炎対策についてもがんばっていただくよう声援を送った。

厚労大臣として第8代・第9代・第10代を務めた後、新党改革を立ち上げられた時も、数回議員室で面談することがあり、「医薬品等を監視する第三者組織」の創設は、役人の抵抗が大きく、かなり厳しいと話されたことがあった。

その後、東京都知事に就任された2014年からはお会いする機会がない。

4年後の2018年1月、基本合意10周年記念誌に「歴代大臣のメッセージ」を載せるために、都知事を辞任していた舛添氏にメッセージ依頼の電話を直接かけ、4年ぶりに話をすることができた。舛添氏からのメッセージは、在野から私たちに寄り添ってくれる、以下のものだった。

「厚生労働大臣のときに、薬害肝炎被害者救済に努力しました。救済法案の延長を国会議員の皆さんにお願いします。また、薬害再発防止のための第三者組織の設立も、衆知を集めて促進して頂きたいと思います。薬害で苦しむ国民がいなくなるような社会を目指したいものです」

第5章

安心社会実現会議から幼児教育政策論へ

「党利党略に巻き込まれないか」と八尋弁護士に問う

2009年3月、衆議院解散を前にして、民主党議員は政権のことばかりが頭にあって、肝炎法案を協議する気がないことがわかり、私は腹立たしい思いでいた。民主党本部の部屋での面談の際、鳩山代表が退席された後ではあったが、最後に私は「どの党が政権をとっても、誰が首相であっても、私たち肝炎患者にとっては早期に法案が成立することをお願いしているのです」と言い残してきた。

小沢元代表と鳩山代表との面談は後味が悪かったが、衆議院解散の最後まで諦めるわけにはいかない。350万人の肝炎患者が肝炎法案の成立を待ちわびていることを知っていたし、全国キャンペーンで、約30万人の人が署名をしてくれていたのである。

3月3日、私は民主党の「B型・C型肝炎総合対策推進本部」の会合のため上京していた。前日に薬害肝炎訴訟弁護団の八尋弁護士より電話があり、与謝野大臣から「山口代表を安心社会実現会議のメンバーに迎えたい」と、依頼があったとのことだった。

与謝野大臣の思い出の項でも触れたが、ここでは、より詳しく振り返っておきたい。その際、私はすぐに「党利党略に巻き込まれないか」と八尋弁護士に問うた。すると八尋弁護士は「政府の諮問機関だから、その点は大丈夫」と言われ、納得させられた。

与謝野大臣は、私たちの「薬害肝炎救済法」の発案者で、尽力いただいた国会議員の一人である。

当日、私は最後の「B型・C型肝炎総合対策推進本部」の会合を途中で抜け出し、一人で全日空ホテルへ向かった。夜の薄暗いホテルのロビーで、与謝野大臣と嶋田秘書官の二人と面会した。ロビーが薄暗いこともあるが、この大物政治家に気付いている人はいないようだった。

与謝野大臣は私を緊張させないように、私の話に合わせて気さくに会話を続けた。

ご自分は政治家より、医療や哲学の本を読む方が向いていると言ってから、「与党が私の言うことを聞かないから、外から直接、総理にものを言う第三者的な諮問機関を開催したい。その会議のメンバーになってくれませんか」と、要請されたのである。

肝炎・薬害問題を「命の問題」として提起できる絶好の機会

そこで私は、「私たちの肝炎問題を、『命の問題』として意見を述べてもいいですか？」と尋ねると、「皆さんの活動は、党派を超えての活動ですから、会議では率直なご意見を」と答えられた。その与謝野大臣の言葉に安心し、引き受けることにしたのである。

原告団へのメーリングに、「私は、『薬害肝炎全国原告団代表』の肩書で『安心社会実現会議』に加わり、この肝炎・薬害問題を『命の問題』として提起できる絶好の機会（官邸への近道）ととらえ、早期に優先施策へと繋がっていくよう努力したいと思います」と、決意を表明して報告した。

第1回の会議から、私は全国キャンペーンでの街頭宣伝ならぬ官邸宣伝をやるようなつもりだった。全国キャンペーン中に国会議員に配布した4点セット（薬害肝炎訴訟基本合意後の動き、肝炎患者支援のための全国キャンペーンの記録、『もう待てない！　三五〇万人のいのち』のチラシ、肝炎対策基本法の制定に関する署名用紙）を資料として配布した。

他の委員からは眉をひそめられたかもしれない。だが私は、麻生首相に直接伝えることができたことに満足した。15名の委員の中で一人だけ異色でも、一人だけ女性でも、私にとっては問題なかった。350万の肝炎患者の思いを首相に伝えたいという、その一点のみで臨んでいたからだ。

会議メンバーとなった私の思いを与謝野大臣は理解してくださっていたと思う。後に与謝野大臣は、『民主党が日本経済を破壊する』（文春新書）の中で、こう書いている。

《会議の委員の顔ぶれを選ぶに当たって、『この会議で述べられることは、普遍的な真実性を持たなければならない』という点に最も腐心した。（中略）薬害肝炎全国原告団代表の山口美智子さんにお願いした。政府部内には原告と被告という立場に分かれて訴訟で争っていた間柄なのだからと反対する意見もあ

ったが、私は安心社会実現会議の普遍的真実性を担保するうえで、そういう人にこそ議論に加わってもらいたいと思った》

なぜ、今、「国家像」を描くことが必要なのか

安心社会実現会議は、わが国の経済・雇用構造の変化や少子高齢化の進展等の社会情勢にあって、国民が先行きの生活に抱く「大きな不安」に応え、国民が安心して生活を送ることができる社会（安心社会）を実現するため、国家として目指すべき方向性や基本政策の在り方について議論し提示することを目的としていた。

初会合では、麻生首相は「現下の年金や少子高齢化をめぐる経済社会情勢にあって、国民が先行きの生活に抱く不安に応えなければならない」と、与謝野

大臣は「社会保障の充実と、その安定財源として消費税などの税制抜本改革の道筋をセットで示した中期プログラムを改訂する」と発言した。

議論の大きな論点として、以下のことが初会合で示された。

① なぜ、今、「国家像」を描くことが必要なのか。
② 「目指すべき国家像」実現のために国家が果たすべき役割。
③ 「安心社会」実現にむけての道筋。

雇用、医療、年金、介護、子育てなど、経済や社会保障の基本政策を検討し、社会保障や経済の面で国民が安心して暮らせるような、新たな国家像を打ち出すこと。

また、日本がめざす安心社会の見取り図に照らし、社会保障などにおける国と民間の役割分担や政策の優先順位を示すこと。

この会合では社会保障や財政など中長期の国家戦略を検討し、安心社会実現会議による提言として、6月をめどにまとめる経済財政諮問会議の「骨太の方針09」に反映させるということであった。

麻生首相は「個別の施策にとどまらず、日本が目指すべき国家像について議論を」と求めた。与謝野大臣は「個人、家族、企業、政府などそれぞれに求められる責任と努力のあり方について、広く国民議論を喚起する契機となることを期待している」と述べた。

社会保障は世代を超えた安心と安全のためにあるべき

また与謝野大臣は、「超然たる立場から自由な議論を。特定の政党や内閣の立場、利害を慮る必要はない」と念を押された。その言葉は、肩身の狭い心地だった私の不安を消してくれた。

おそらく有識者には程遠い私にだけ、与謝野大臣の配慮で、事前に社会保障についての秘書官のレクチャーを設定していただいた。

先に書いたように、私が安心社会実現会議のメンバーになるように要請されたことの意味は、これまで闘ってきた薬害肝炎問題から学んだことを「命の問題」として述べることであると思っていた。

ところが、社会保障についてのレクチャーを受ける中で、これまで社会保障費は高齢者のためのものだと誤認していたことに気づかされたのである。

また、世代を超えた人生全般に関わる安心と安全のためにあるべき社会保障が、人生後半の年金中心で考えられていることを認識した。

だから私は、自分が発信すべき課題は「命の問題」だけでなく、以前から問題意識を持って大学院で学んでいた「幼児教育」についても意見を述べようと思うようになったのである。

そこで文科省の方にお願いして、資料（①学校現場が抱える問題、②わが国の教育条件の貧しさ）を準備してもらった。その資料の中でも、わが国の教育条件の貧しさを示す「教育投資における公財政支出の対GDP比の現状」を表すグラフに唖然とした。

どの教育段階もOECD平均より低く、さらに最も低いのが就学前教育段階（幼児教育）であった。

そこで、会合に臨む前に、自分なりの「安心社会とは」を考え、まとめたものを図式化したのである。

教育投資における公財政支出の対ＧＤＰ比の現状

○全教育段階 ※社会教育費は含まれていない

日本	OECD平均	アメリカ	イギリス	フランス	ドイツ
3.4%	5.0%	4.8%	5.0%	5.6%	4.2%

○就学前教育段階

日本	OECD平均	アメリカ	イギリス	フランス	ドイツ
0.1%	0.3%	0.3%	0.3%	0.7%	0.4%

○初等中等教育段階

日本	OECD平均	アメリカ	イギリス	フランス	ドイツ
2.6%	3.5%	3.5%	3.8%	3.8%	2.8%

○高等教育段階

日本	OECD平均	アメリカ	イギリス	フランス	ドイツ
0.5%	1.1%	1.0%	0.9%	1.1%	0.9%

資料：OECDインディケータ2008年度版

3　安心社会の土台は教育

世代を超えた確固たる安心社会の実現のためには次代を担う子ども・若者への投資が最も重要

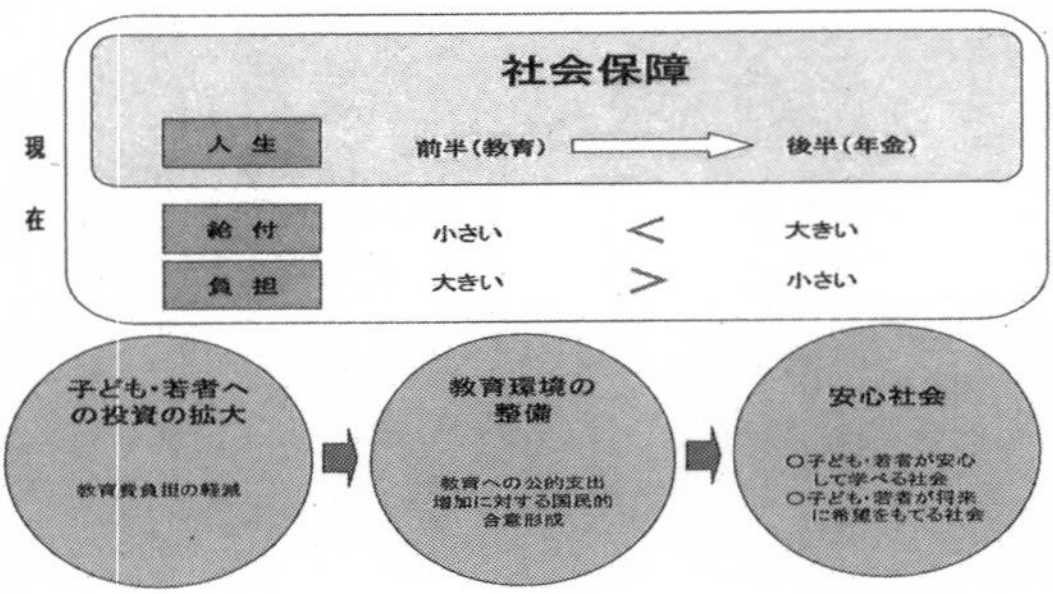

第1回会議（2009年4月13日）で幼児教育について発言する

15名の委員は、雇用、医療、年金、介護、子育てなど、経済や社会保障分野の有識者であった。私は、初会合の自己紹介では、薬害肝炎訴訟全国原告団代表としての経験から「命の問題」について触れた後、「教育問題」について次のような意見を述べた（本書では第2回会議以降についても「教育問題」をめぐる意見を中心に記す）。

「薬害被害者原告（私自身の裁判は終わり正式には原告ではない）としてだけではなく、この会議で女性は私ひとりで、私は二人の息子を持つ母親です。また、認知症の母親を抱える娘でもあります。そして、二十数年間は教師をしておりました。そういう点から、一般市民、国民としての現場にいて、皆様よりも国民目線でものが言えるというふうに自負しております。

私は教育者でしたし、また二人の息子の親ですので、やはりこの国はもっと教育にお金をかけなければいけないと思います。どれだけ教育にお金をかけられるかで子どもの未来が決まってくる、そして国家の未来が決まってくると私は思っております」

第2回会議（2009年4月28日）で語った明るい未来像

「教育にお金をかけるかどうかで国家が決まってくるとすると、世界の中の日本は、他の国と比べて教育条件が非常に貧しくて、公的財政支出も非常に乏しいです。こういうことでは、安心社会の土台である教育というものが機能しない。

社会保障というものを大きな目でとらえると、それは人間形成の場である教育からスタートしますので、もっと教育環境の整備をすることが安心社会につながる。

先ほど、目標、目的がなければ、それを国家として示さなければ、国民は納得しないという意見がありましたけれど、子どもたちにもそういう目標、目的を持たせられるような明るい社会を、明るい未来を提示してあげたいと思います。私は、それが安心社会につながると考えております」

第3回会議（2009年5月15日）で強調した幼児教育の重要性

「私は、最初からこの会議では、優先施策として『命の問題』と、将来を担う子ども、若者の問題である『教育問題』を取り上げて意見を述べさせていただきたいと思っていまして、それらの関係資料『安心社会実現のための次代を担う子ども・若者への投資』を提出しております。

そのなかで、特に『教育投資における公財政支出の対GDP比の現状』を見ると、日本の現状はOECD平均にも達しておらず、とりわけ就学前教育段階への支出は0・1パーセントと最低レベルであることがわかり、残念でなりません。

私は就学前段階で教育は決まると確信しております。わが子を育て、そして二十数年間も小学校の教師をしてきたので、就学前教育がいかに大事かということが本当に身にしみております。

それで、今、『子ども』『就学前の家族応援』という、そこに焦点が置かれたこと自体は非常によいことだとは思いますが、果たして給付つき税額控除による経済支援や保育・教育費負担の軽減が、本当に子どものために使われるのかということに疑問を感じております。なぜなら、家庭教育力というものがやはり低下しておりまして、期待できないのではないかと考えるからです。

だからこそ、そういう現状を踏まえて、公教育現場の力を高める、そのためには教育への公的支出が必要であると思います。次代を担う子ども・若者への投資こそが重要だと思います。

それはハコモノではなくて、人材を育てるということは長期にわたるものですから、すぐに目には見えませんけれども、やはり将来への投資を最重要に考えることこそが安心社会へつながると思っております」

第4回会議(2009年5月28日)で会議の意義に触れる

これまでの会議で出された意見を集約した素案が増田事務局長(野村総合研

究所顧問）から提起された。

「素案の『2、人生を通じた切れ目のない安心保障』に、これまで日本では、現役世代の安心は雇用と家族が担い、社会保障支出は人生後半に集中する傾向があったとある。日本では高齢者向け支出が現役世代向け支出の7・3倍（GDP比）であり、アメリカの5・4倍、フランスの2・3倍などを大きく上回る。これに対して安心社会の実現のためには、現役世代支援も含めて、全生涯、全世代を通じての『切れ目のない生活安全保障』が不可欠である。具体的には、次の5つの領域、(1)雇用をめぐる安心、(2)安心して子どもを産み育てる環境、(3)学びと教育に関する安心、(4)医療と健康の安心、(5)老後と介護の安心が連携していくことが大事である」と、増田事務局長は説明した。

私は、こう発言した。

「具体的に提示することは政治家の役割です。この会議には各委員が哲学を持って臨んでいると思いますので、ここは国家像を語る会でよいのではないでしょうか。国民は党利党略に嫌気が差しています。国民の公僕としての本来の政治を取り戻してほしいと切に願っています。

個人、家族、企業、政府、国会、みんな自分のことばかり考えてはいませんか。人の痛みを自分の痛みとして感じることができる感性を持つ人が、もっと増えるようにしなければならないと思います。将来を担う子どもたち、若者たちが夢や目標が持てるように、私たち大人が手本を示そうではありませんか。私はそう思います」

第5回会議(2009年6月15日)で実感したこと

本会議の報告書案が取りまとめられ、『Ⅱ　人生を通じた切れ目のない安心保障』に次の文言が加わった。

《安心社会の実現のためには、高齢者支援を引き続き重視しつつも、若者・現役世代支援も併せて強化しながら、全生涯、全世代を通じての「切れ目のない安心保障」を構築することが求められる》

具体的には、5つの領域が連携していくが、その3つ目の領域に「3、学びと教育に関する安心」が取り上げられ、5回の会議で一貫して主張した甲斐があった。そこにはこうある。

《将来を担う世代が、様々な変化や困難を乗り越える知識と能力を備えていくことは、安心の源である。教育は、将来に向けたきわめて見返りの大きな投資であり、「国家百年の大計」である。また、教育機会の均等化をすすめ、個人の努力で階層間の移動を可能にする。しかしながら、日本の公私の教育支出の対GDP比は、4・9％（OECD平均5・8％）とそれ自体が相対的に低い。

さらに私的負担の割合が高い》

《就学前教育は、一生の間に様々なチャレンジを重ねていく基礎力を形成するものであり、各国でもその効果が指摘されている。生まれ育った家庭における格差を固定化させないためにも、社会保障と教育が交差する領域として、厚労省、文科省の関連組織の一元化を図りながら、財源を確保していく必要がある》

また、「Ⅲ　安心社会実現に向けて求められる役割と責任」の「取り組むべき優先課題」の10項目の緊急施策のなかに、「⑶就学前教育の導入及び保育や育児休業制度との統合化」が記された。

私は、会議に参加しての感想として以下のように述べた。

「だれもが公共の担い手としての当事者であるということを実感いたしました。日本の未来に対する国民としての責任を改めて自覚することができました」

「安心社会実現会議」と社会のなかの教育

5回の会議終了後に、会議で言い足りなかったことなどを補足意見として提出した。特に、補足意見の後半に書いたこと（就学前における教育は、人の一生で重要な時期である）は、後の私自身の研究課題へとつながっていくことになる。

後日、これまでの会議議事録や資料、補足意見などが綴じられた冊子『安心と活力の日本へ（安心社会実現会議報告）』が送られてきた。

以下に、私が提出した「安心社会実現会議報告についての補足意見」を掲げておく。

《国民が安心して生活を送ることができる社会を実現するために、現政権が本気で取り組む意志があることを確認できたことが、国民の一人として委員に加わった成果であると思う。この安心社会実現会議の委員として議論に携わる機会が与えられたこと、また、真剣に議論される有識者の方々のご意見を拝聴できたことに、心より感謝いたします。

目指す安心社会が、①「働くことが報われる公正で活力ある社会」②「家族や地域で豊かなつながりが育まれる社会」③「働き、生活することを共に支え合う社会」と、明確に提示できたことは、この会議の大きな成果です。

安心社会実現のためには、基本的人権、とりわけ生存権、医療を受ける権利、教育を受ける権利、労働者の権利といった人権が、その時々の景気や短期的な政策に左右されず、安定して保障されることが必要です。そのためにはこれらの基本的人権を具体的に保障する基本法制の整備が喫緊の課題です。

その点で、「医療健康の安心」の項に、「国民の命と基本的人権（患者の自己決定権・最善の医療を受ける権利）を実現するため、2年を目途にそのことを明確に規定する基本法の制定を推進しなければならない」という方針が入ったのは当然のこととはいえ非常に重要です。必ず実現していただきたいと考えます。

この問題に関しては、既に「ハンセン病問題に関する検証会議の提言に基づく再発防止検討会」によって十分な検討がなされており、同報告書を受けて速やかに法制定作業を開始すべきです。

また、日本の医療費が他の先進諸国に比較して抑制されてきたことは報告書に指摘されているとおりです。今日の医師不足や、病院における経営破綻は、この医療費抑制政策の結果にほかなりません。国民の命と基本的人権（患者の自己決定権・最善の医療を受ける権利）を実現するためには、このような医療費抑制政策を転換する必要があると考えます。

また、「学びと教育に関する安心」の項に、「教育は、将来に向けた中長期の見返りが大きな投資であり、『国家百年の大計』である。」と明記されたことは、大いに評価されるべきです。

ただ、教育が就労・雇用という視点ばかりから捉えられて重点がおかれている点や、初等教育が抜け落ちている点には、一抹の懸念を抱いています。人のためになる生き方の教育が重要であればこそ、一連（幼↓小↓中↓高）の教育として「知」「情」「意」の円満な発達を目指さなければならないと考えます。

このことは、少子化対策としての幼保一元化においても、人の一生で重要な時期である就学前における教育にも深く関連します。

安心社会を実現するためには、政府、民間企業、ＮＰＯ、コミュニティ、家族などの多様な主体が公共を分担し、支え合い、総合的な力を発揮していくと

いう意識と構えが必要であることを肝に銘じなければならないと思います》

以上が補足意見である。安心社会実現会議での経験は、社会のなかの教育を見つめる視点をより豊かにしてくれたと思っている。

第6章

幼児教育は何を目指すべきなのか

乳幼児期には生涯にわたる人間形成の基礎が培われる

日本には、昔から「三つ子の魂百まで」という諺がある。「三つ子」とは3歳児のことで、「魂」は性格ないしは性向の意。文字通り、幼いころの性格や気質は一生変わらないということを示している。

このような意味の諺は他にもある。

「三つ子の心六十まで」

「三つ子の知恵が七十まで」

「三つ子の根性八十まで」

「産屋の癖は八十まで治らぬ」

「雀百まで踊り忘れず」

「昔とった杵柄」

イタリアの教育者として名高いマリア・モンテッソーリ（1870〜1952年）は、自然主義に基づく自由主義の立場から児童教育法を生み出した女性であるが、彼女は「適切な時期に洗い流さねば手遅れになる」との名言を残している。

また、イギリスには「ゆりかごで覚えたことは墓場まで持ち越す」との類句がある。

インドには狼に育てられた子どもが、適切な時期に適切な保育・教育を受けられなかったために不幸な生涯をたどるという、フォークロアと化した話がある。

つまり、古今東西を問わず、乳幼児期は生涯にわたる人間形成の基礎が培われる極めて重要な時期であると見なされてきたことがわかるだろう。

人間の行動の基礎となる性格は、幼いころにつくられ、その後、容易に変わるものではない。人間の知的・情操的働きをつかさどる脳の発達の重要な部分が幼児期にできあがることは間違いない。

この時期の子どもの育ちを支えるために大きな役割を果たす環境が家庭であり、幼稚園、保育園、学校であり、地域社会である。

家庭は就学前の時期の主要な教育の場である。家庭における親は、遺伝子を伝える者であると同時に、子どもが育つ環境を整えたり、大きな影響を与えたりする立場でもある。

人間は3歳までの環境から受ける情緒面などにおける影響が大きいため、幼少期に、適切な環境の中で教育されることが最も大事である。

就学前教育から日本の教育全体を捉え直す

日本の幼児教育の理論的支柱を打ち立てた倉橋惣三（1882～1955年）は、幼稚園教育の父と言われている。倉橋は、子どもが自ら育っていく自発性を尊重した保育を唱え、幼児期という特性にふさわしい教育と学習の原理を堅持した。また、就学前の時期をむしろ国民教育の基底部門とみなし、教育を通じての社会形成という重要な意義を持つと信じていた。

倉橋においては、就学前教育とは小学校入学の準備教育というだけでなく、その地点から日本の教育全体を捉え直す意味を持つものであった。これは現代でも変わらないと私は考えている。

既に、1947年の学校教育法第22条には「義務教育及びその後の教育の基礎を培うものとして、幼児を保育し、幼児の健やかな成長のために適当な環境を与えて、その心身の発達を助長する」と、幼児教育の役割が明記されていた。

1956年の改訂「幼稚園教育要領」で、教育は幼稚園のものとなり、保育は保育園専用となった。幼稚園は、小学校教育との一貫性を打ち出すために、これまでの6領域（健康・社会・自然・言語・絵画製作・音楽リズム）という保育内容を教育課程の中に盛り込んでいる。

2006年の教育基本法改正では、幼児教育を学校教育の始まりとして位置づけた。また、文科省は、それまで長らく幼稚園を管轄してきた初等中等教育局幼稚園課をなくし、幼児教育課を置くなど、新しい体制づくりに向けた準備を急いだ。

重ねて引用するが、「第11条　幼児期の教育は、生涯にわたる人格形成の基礎を培う重要なものであることにかんがみ、国及び地方公共団体は、幼児の健やかな成長に資する良好な環境の整備その他適当な方法によって、その振興に努めなければならない」がそれである。

「生きる力」とは、知・徳・体のバランスのとれた力のこと

教育基本法改正と学校教育法の一部改正によって示された教育の基本理念は、現行の学習指導要領が重視する「生きる力」の育成ということになるだろう。保育園・幼稚園・小学校を通して育てられるべき大切な価値として、「生きる力」が強調されているのである。これが、教育を通して子どもたちに育てるべき大事な力として語られるのだ。

「生きる力」とは、人間としての実践的な力を意味し、以下の3つの総合力ということができる。

①主体的に自らの考えを築き上げていく力。
②他人を思いやる心や感動する心。
③たくましく生きるための健康や体力。

これらは、知・徳・体のバランスのとれた力ということだろう。

また、周りの環境に好奇心や探求心を持ち始めるなどの内発的動機を養うためには、乳幼児期こそがそのかけがえのない発達期であり、繰り返すが、小学校への準備教育に終わるわけではない。幼児教育とは、人格や社会性を形成し、豊かな人間として育て上げていく過程といえる。

このように、幼児教育は、家庭における教育、幼稚園等施設における教育、地域社会における教育の3つのバランスを保ちながら、全体として豊かなものになることによって、幼児の健やかな成長を保障している。教育とは連続的なものであるから、子どもそれぞれの発達環境と成長状態を見極め、後の望ましい社会化への途を用意し、教え導いていかなければならない。

最終目標は、幼児教育の質の向上及び環境整備を促進することにより幼児教育の振興を図ることにある。しかしながら、これまでの社会保障のあり方は、前述したように、財政的には大部分が高齢者の年金や医療費に充てられてきた。力の弱い子ども側には向けられてこなかったのである。

ＯＥＣＤの報告書「Ｓｔａｒｔｉｎｇ　Ｓｔｒｏｎｇ」（２００１年）には、多くの先進国が幼児教育を無償化する方向に進んでいて、それが「ヨーロッパ諸国（フィンランド、フランス、イギリス、ドイツ等）のスタンダード」になっていることが報告され、国策としても２つのタイプの幼児教育重視を施策としている。

一つは「就学のための準備としての学習」として幼児教育を拡充する方策、もう一つは「それ自体が重要な意味を持つ段階」として幼児教育を位置づける考え方である。

私は前者は幼児教育の当然の性格だと思うが、後者の視点の重要性を十分に理解して、両者を総合した教育ヴィジョンを形成していくことが大切だと考えている。

英知と愛情を兼ね備えた豊かな人間性を育てる

幼児教育のねらいは「生活や遊びを通して総合的に」達成されていくものであり、保育園や幼稚園での「生活の全体」が学びの場として捉えられ、特に「遊び」を指導の中心においている。

教育の目的は人間の形成である。「陶冶—知識や技能などを育てる側面」と「訓育—態度や性格、集団における協調性などの側面」の統合された人格の形成が目的でなければならない。

次代を担う子どもたちの、英知と愛情を兼ね備えた豊かな人間性を育てることを目指さなければならないのである。

第7章

幼保連携型認定こども園の現状から

福岡県内の「幼保連携型認定こども園」に対するアンケート調査

2015年4月から、子ども・子育て支援新制度（以下「新制度」）がスタートした。

前年に、この新制度開始に向けての事務連絡文書（「子ども・子育て支援新制度について」平成26年4月23日）が、文部科学省初等中等教育局幼児教育課から各都道府県教育委員会と各指定都市・中核市教育委員会宛に届けられた。

その文書には、「新制度は、幼児期の教育・保育が生涯にわたる人格形成の基礎を培う重要なものであること等に鑑み、質の高い幼児期の教育・保育の提供、地域の子ども・子育て支援の充実を図ることを目的としています」とある。

また、「新制度では、質の高い幼児期の教育・保育を提供するため、認定こども園、幼稚園及び保育所と小学校等との連携のための取組の促進、保育教諭、幼稚園教諭及び保育士等に対する研修の充実等による資質の向上、認定こども園、幼稚園及び保育所における幼稚園教育要領、保育所保育指針等に沿った幼児教育の実施、認定こども園・幼稚園及び保育所に対する適切な指導・監督、評価の実施等に取り組むことが求められており、（中略）幼児期の教育の質の向上を図る観点から、新制度の担当部局と連携・協力して、積極的に取り組んでいただきますよう、お願いいたします」と新制度への積極的な関与を促していた。

私は、福岡県内の「幼保連携型認定こども園」（学校及び児童福祉施設）に対してアンケート調査を行った。

認定こども園法改正後の「幼保連携型認定こども園」（学校及び児童福祉施設）は、全国に720園（2014年4月1日現在）あるが、福岡県での認定こども園は、40園（公立5、私立35）あり、そのうち幼保連携型である18園のアンケート調査を行ったのである。

運動会などの行事で多忙な時期でもあり、園の負担にならないように、調査内容を3つに絞り、数字の記入や4段階のいずれかに丸をつける形式にした。調査を依頼した18園のうち、14園から回答があった（２０１４年9月末）。

認定こども園となった経緯は園によって異なる

以下に示すように、新制度に対応する「幼保連携型認定こども園」の実態を把握するために、①②③について調査した。

① 園の規模・職種ごとの職員数

新たな「幼保連携型認定こども園」では、「幼稚園教諭免許状」と「保育士資格」の両方の免許・資格を有する「保育教諭」であることが原則となっているが、現場では周知されておらず、保育教諭の確かな数は把握できなかった。

3歳以上（年少・年中・年長）の学級数が最も多いのは6学級の園であった。その学級数によって、職員の数も7～28名と大差があった。一方、開所時間は7時～19時が大半で、差はなかった。

② 認定こども園となった経緯

認定こども園になったのは、「既存の幼・保が、いずれも、もう一方の機能を備えて認定となった」（35・7％）が一番多く、「一から計画・新設した」（28・6％）、「少子化に伴い既存の幼・保が合併、認定となった」（14・3％）と続く。

また、「認定を受けた理由は何ですか」の問いに対しては、「幼・保それぞれの良さを生かした教育・保育を行うため」（57％）、「0歳児～就学前まで一貫した教育・保育を行うため」（50％）、「就労状況や家庭環境の変化に対応、支援するため」（42・9％）の順に多い。

さらに、「認定に伴った子育て支援活動に変化はありますか」の問いには、「種類・実施時間共に増えた」（57・1％）、「認定前と変わらない」（21・4％）、「実施時間が増えた」（14・3％）との回答であった。

③　新制度に対する感想

いくつかの側面に対する感想を4段階で評価（複数回答）してもらった。この中で最も高い肯定率を示したのは、「就学前教育は充実している」（64・3％）と、「認定こども園は就学前教育の充実につながる」（64・3％）であった。次に肯定率が高いのは、「認定こども園は幼保の機能を生かした新たな保育システムである」（42・9％）と、「認定こども園は育児不安の大きい専業主婦家庭への支援を含む地域子育て支援の充実につながる」（42・9％）との評価であった。

逆に、低い評価の感想は、「就学前教育費の財源は充分である」で、「全く思わない」「あまり思わない」を合わせて64・3％にも及んでいる。

アンケート結果を踏まえて新制度の背景を概観する

上記の3つの調査を通して考えられることは、調査対象がいずれも認定こども園となって数年経過しているため、さらに就学前教育の充実に向けて園として取り組んでいることが推察できた。しかし、新制度以前から園が抱えてきた財源についての課題は変わらなかった。

このアンケート調査結果を踏まえた上で、本章では、以下の順に論を進めていく。

まず、新制度の背景を概観するために、認定こども園誕生の経緯と、幼保一元化に関する歴史を詳しく検討する。

次に、実際に幼保連携型認定こども園でフィールドワークを行い、実態と課題を考察する。

最後に、新制度が持つ意味を確認し、就学前教育の教育的意義を検討する。

多様なニーズに対応する新たな選択肢として施行された

私は、新制度による「認定こども園」に着目し、まず「認定こども園」制度化の背景を探った。

就学前の子どもへのはたらきかけを指す基本語として「保育」が使われてきたが、文科省では、対象が乳児であれば「保育」、幼児であれば「幼児教育」

と使い分けている。

「幼児教育」とは、就学前教育、つまり義務教育の学校より下の年齢の子どもたちの教育である。この「保育」・「幼児教育」が公共政策の注目を集めるようになり、日本では以下のような経緯をたどった。

繰り返しになる部分もあるが、1986年の「男女雇用機会均等法」施行以来、子育て支援施策として、1990年の出生率「1・57ショック」以降の少子化対策、1994年「エンゼルプラン」、1999年「新エンゼルプラン」、2004年「次世代育成支援対策行動計画」が示されてきたのである。

2006年に文科省は、それまで長く幼稚園を管轄してきた初等中等教育局幼稚園課をなくし、幼児教育課を置くなど新しい体制づくりに向かい、その一つが認定こども園の創設であった。

「認定こども園」は、もともと働く母親の急増にともなって、いわゆる待機児童が増え、それに対応するために、多くの幼稚園が慣習を大きく破る長時間保育（預かり保育）など、保護者の要望に応え始めたことに端を発している。多様なニーズに対応するために、新たな選択肢として施行された（２００６年10月）。

「認定こども園」は、親と子が共に育つ場としての幼児教育施設である。また、文科省と厚労省が少子化対策の一つとして打ち出し、幼保の施設や運営を一元化することで財政的に効率的な経営を行う施設でもある。

一連の一体化議論によって、幼児期の教育に関心が高まった

しかし、認定こども園の論議の発端は、少子化対策ではないところから出発している。この認定こども園が注目されるようになったきっかけは、中央教育

審議会（中教審）が1月、当時の文部科学大臣に「子どもを取り巻く環境の変化を踏まえた今後の幼児教育の在り方について」を答申したことにある。このように幼児教育に焦点を当てたのは、中教審としては初めてのことだった。

「認定こども園」誕生の背景は、ＯＥＣＤの教育問題委員会が「世界の教育改革２０００」の中で「幼児期に質の高い教育を用意することは生涯学習の基盤を形成することである、質の高い就学前教育及び保育環境で育った子どもはすぐれた思考力や問題解決能力を発達させる」と、初めて乳幼児期にかかわる提言を各国に発信したことにある。このように、一連の一体化議論によって、幼児期の教育に関心が高まったといえる。

これまで条文の中では言及のなかった幼児教育について、改正教育基本法の第11条に明文化されたことも前述のとおりである。

また、２００６年に「就学前の子どもに関する教育、保育等の総合的な提供の推進に関する法律」が公布された。その根拠法に基づいて、幼児期の教育を問い直すために幼保を一体化した認定こども園をつくり、学校教育全体を新たに構築しようとした。翌年の２００７年には学校教育法が改正され、従来は小学校から始まっていた学校の既定順の一番最初に幼稚園が位置づけられることになった。また、学校教育法の中にある幼児教育の基本理念である「幼児を保育し、幼児の健やかな成長のために適当な環境を与えて、その心身の発達を助長することを目的とする」という文言は、教育基本法の第23条にも生かされた。

民主党政権の下で開かれた新システムの検討会では、初期のころから幼保一元化を目指すという前提で検討会が進み、保育所は乳児保育所を除いてすべて「総合こども園」に移行し、幼稚園も財政誘導によって、長時間開所する「総合こども園」の拡大を目指すとしていた。

議論は一元化へ進んでいたが、保育所・幼稚園の機能を併せ持つ「総合こども園」の創設を柱とした新システムの法案からは方向が変わり、従来通りの幼稚園・保育所を残しつつ財政支援や所管の窓口を一本化した「認定こども園」の拡充によって幼保一体化を進めることに帰結した。

子どもたちがよりよく成長し、子育ての不安が解消するために

そして、2012年8月に自民・公明・民主3党の合意を踏まえ、子ども・子育て関連3法(「子ども・子育て支援法」「認定こども園法の一部改正法」「児童福祉法の一部改正等関係法律の整備法」)が成立した。それに基づくのが子ども・子育て支援新制度である。この新制度は、消費税率アップを前提にした政策であり、消費税が10%になった段階で安定財源7000億円を投入するとされた。2015年4月に本格施行され、市町村が子ども・子育て支援事業

を策定し実施することになった。

「認定こども園」も、「認定こども園法の一部改正法」により改善されることになった。

本格施行の前年に、私は「認定こども園」の申請窓口である福岡県福祉労働部子育て支援課保育係からのヒアリング（２０１４年４月23日）や、「子ども・子育て支援新制度」を担当する福岡市こども未来局こども家庭支援部子ども・子育て新制度担当者からのヒアリング（同年5月2日）を行った。

さらに、子ども・子育て支援新制度施行を準備中の文科省の子ども・子育て新システム担当幼児教育課長補佐と、当時の認定こども園法案の担当であった初等中等教育課程企画室長からのヒアリング（同年5月9日）を行った。その際に説明を受けた「子ども・子育て支援新制度について」の内容を以下に記す。「子ども・子育て支援新制度について」のポイントとして、「認定こども園制度の改善（幼保連携型認定こども園の改善等）」が示されている。

また、認定こども園法の改正により、「学校及び児童福祉施設としての法的位置づけを持つ単一の施設」（新たな「幼保連携型認定こども園」）を創設することになった。具体的には、これまでの認定こども園は、既存の幼稚園及び保育所からの移行が義務づけられていたが、改正後の認定こども園は、政策的に設置が促進され規制緩和された。ただし、設置主体は、国、自治体、学校法人、社会福祉法人のみ（株式会社等の参入は不可）としている。

財政措置は、既存の認定こども園3類型も含め、認定こども園、幼稚園、保育所を通じた共通の施設型給付で一本化されている。

認可基準として、学校かつ児童福祉施設たる単一の施設としての「幼保連携型認定こども園」にふさわしい基準としている。また、既存施設（幼稚園、保育所、認定こども園）からの円滑な移行を確保するため、設備に限り、一定の移行特例を設ける。

ヒアリング調査から、国がめざす就学前教育について、私は以下のように確認した。

「新制度」の意義は、幼稚園の教育機能を生かしつつ、子どもたちがよりよく成長し、保護者の子育てをめぐる不安解消の支援を含む地域子育て支援の充実であり、保育と教育を一体化した「質の高い乳幼児期の保育・教育」の実現である。そのためには、学校教育を所管し、教育についての専門性を有している教育委員会の積極的な関与が不可欠である。

「あかさかルンビニー園」をフィールドワークする

ここで、幼保連携型認定こども園として意欲的な教育・保育を実践している佐賀県の「あかさかルンビニー園」のフィールドワークから、幼児教育の現場をスケッチしてみたい。

あかさかルンビニー園は、佐賀県西松浦郡有田町（人口約20万人）に位置する。日本の磁器発祥の地として古くから陶磁器産業を中心に栄え、現在も町民の多くが陶磁器産業に従事している。平成の市町村合併の折に農業・畜産業の家庭も加わって、ほとんどが兼業農家なので、保育所を希望する家庭が多い。

在籍する子どもの数は、4・5歳児83名、3歳児45名、1・2歳児58名、乳児8名である。

朝7時から19時までの開所時間の中で、満3歳以上の教育時間は4時間としている。

満3歳以上の学級数は6学級で、年長のふじ組A・B、年中のゆり組A・B、年少のもも組A・Bのクラスに分かれているが、保育園児と幼稚園児の、入園手続きの異なる園児が混合のクラスとなっている。3歳未満の学級は、子育て支援室（2~3歳）、さくら組（1~2歳）、ばら組（1歳未満）クラスに一応は分かれているが、保育は流動的になされている。

この数年で職員全員が「保育教諭」になっているが、もともと幼稚園教諭・保育士として当園に採用され、担任学級はローテーションである。満3歳以上の学級では、幼稚園教諭・保育士両方での担任制がとられ、Aクラスに幼稚園教諭、Bクラスに保育士が配置されている。

週に一度、A・Bクラス合同で、専門の非常勤講師による幼児教育が担任と一緒に行われる。

イタリアの「ピアッツァ」（広場）をイメージした多目的ホール

もともと真言宗の寺が保育所を運営し、その寺の娘である園長が、1999年に別の場所にあった公立の保育所の園舎をそのまま買い取り、同じ敷地内に保育園と幼稚園が一緒に存在する園として開園した。そして、2006年に認定こども園と名称が変わった。園舎の老朽化と耐震構造の必要性から、2009年に全面改築した。

セキュリティの面から出入口のエントランスは1カ所である。園庭を囲む平屋建ての園舎が一般的だが、あかさかルンビニー園は、園長がイタリアのレッジョ・エミリア市で戦後に生まれた幼児教育の国際的なモデルである「レッジョ・エミリア教育」を学んだことから、イタリアの「ピアッツァ」(広場)をイメージした多目的ホールが園の中心に位置する。床には有田焼のタイルを敷き詰め、床暖房になっている。

広場としての多目的ホールは、各部屋に行くとき必ず通ることになる。また、午後のクラスを解体した異年齢交流の際には、すべての保育者がすべての子どもたちとかかわる活動の場となる。

少し傾斜のある2階のギャラリーからは、階下の広場のタイル模様が見えるようになっており、腰板の高さに子どもたちの作品を掲示するスペースがある。ドーナツ型のギャラリーには、滑り台や鏡の小部屋があったり、積木で遊べるコーナー、絵本コーナー、小さなキッチンセットがあるままごとコーナー、ソファーが置かれたくつろぎコーナーがあり、親と一緒に過ごすこともできる。

壁面には作家が描いた日本画や西洋画が展示されている。園舎のあらゆる場所で、美術館のような芸術作品に触れることができる。

エントランス奥のラウンジには、木工品と見まがう移動式靴棚があり、子どもたちのカラフルで可愛らしい靴が収まると芸術作品のようである。ギャラリーの奥には大きな水槽があり、太陽光の数値板では園での供給エネルギー量をカウントしている。水槽の上には大きな抽象画、両横には本格的彫塑2体が置かれている。エントランスのテレビモニターでは、園児の活動を撮ったスライドが流れている。

配慮の行き届いた環境が園児全員に開かれている

1階に、ふじ組・ゆり組・もも組の各A・Bクラスの6部屋と、楽器が揃った音楽室と給食室がある。各部屋の前面の高い位置に、時計と親鸞の絵が掲げてある。

各クラスの天井には、中央にビルトイン型エアコンが設置されている。蛍光灯もあるが自然光が入り、全面の一枚ガラスにより室内でも十分な明るさと季節を感じることができるようになっている。

どのクラスにもピアノが置かれ、テレビはない。出入口近くに3つの蛇口が付いた手洗い場と、移動式にデザインした各自のタオル掛けがある。

両壁は2段の棚になり、各自に割り当てられている。上の段には、道具箱やメロディオン（鍵盤ハーモニカ）を置き、下の段にはバッグや水筒を掛けるフックが付いている。園児の手が届かない高い棚には、園児の作品や次の教育活動のために職員が準備した物などが置かれている。

アトリエ風の廊下には、園児が「造形遊び・感触遊び」に使うたくさんのカプラー（2×10cmの木片）が入ったキャスター付きの箱が置いてある。1階には3クラスで使用するトイレが2カ所と、多目的トイレがある。

2階には、ばら組の部屋に沐浴コーナーとトイレがあり、隣のさくら組も利用できる。

ばら組のクラスが一番広く、ミニキッチンやカウンターがある。壁側に7台のベビーベッドと、午睡用のベッドラックが積み重ねてある。どれもスウェーデン製で、デザイン性と機能性に優れている。

さくら組にも午睡用のベッドラックがある。軽くて水洗いができ、布団のようにかさばらないので部屋の隅に積まれている。

ベランダは芝生になっており、小型プールが常設されている。

以上、園の内観と外観を詳細に描写したが、幼稚園児と保育園児の区別なく、様々な配慮のある環境が園児全員に開かれていること、そして、幼児教育と保育の環境が高度に整えられていることを感じた。

子どもの成育の連続性を保育者全員が共感できる

あかさかルンビニー園は、すべての子どもたちに平等な幼児教育と保育（養護）の環境を整えるための取り組みをしている。また、子どもの学びである日々の生活での遊びを0～5歳児のスパンで捉えるようにしている。そのために、1999年の開園当初から、幼稚園児（短時間保育）と保育園児（長時間保育）を区別することなく、1つのクラスで両方の園の子どもたちが一緒に生活し、職員も各学年の子どもたちを幼稚園教諭と保育士の両方で担任する形態をとってきた。

3歳以上児は、午前の幼児教育の時間（コア時間）はクラスごとに活動し、午後からはクラスの枠を取り払い、異年齢の子どもたちと合同で活動している。また、幼稚園・保育園の職員として経験を積んできた保育者の保育観を大切にしながら、認定こども園としての新たな保育観を共有することで、一人ひとりの子どもの0～5歳児までの成育の連続性を保育者全員が共感できるようにしている。

さらに、あかさかルンビニー園では、乳幼児と幼児の学びを連続的に捉えている。地域の伝統産業である「有田焼」に、子どもたちが誇りと愛着を持つために、乳幼児の教育のベースを豊かな感性を育む「造形遊び・感触遊び」に置いている。このような遊びも連続的な学びと捉えて、保育者が意図的に遊びを提供しているのである。

地域や保護者との連携も特徴的である。隣接する佐世保市の米軍基地内にあるダービースクールの幼稚園と、英語文化を取り入れながら交流し、地域の伝統産業「有田焼」をつなぐ子どもたちとして、イタリアのレッジョ・エミリア市で取り組まれている保育を参考に、豊かな感性を育む「造形遊び・感触遊び」を幼児教育の大事な要素としている。

あかさかルンビニー園の保護者は、1週間ごとのクラス便りや、毎日の送迎時にはエントランスのテレビモニターで、わが子の活動内容を確認することができ、2月に行われる「造形展」では、保護者や地域の人に活動が紹介される。このように、保護者や地域の人を巻き込んで、子どもたちの成長を支えているのである。

あかさかルンビニー園は、2005年度から2年間、文部科学省の委託事業である「幼児教育支援センター事業」を行い、就学前の保護者と園と小学校教諭とが共通理解の下に協議し、幼児教育と小学校教育との連携が図られた。また、町全体で乳幼児教育と子育て支援を考える基礎づくりが行われた。

この事業によって幼稚園・保育所の垣根がなくなり、これまで幼稚園・保育所で培ってきた経験や実績が土台として生かされるようになった。そして、新しい取り組みに消極的であった有田町の行政も動き出したのである。

園から小学校―中学校―高校に繋がる教育の連続性

あかさかルンビニー園の園長へのヒアリングから、以下のような理念や方針を見出すことができる。

① 園は学校法人立の幼稚園と社会法人立の保育所を長年運営しており、同じ日本の子どもでありながら法律上「教育」と「福祉」に区別され、親の就労の有無によって、就学前の教育と福祉を平等に受けることができない現状への疑問からスタートした。

② イタリアの「レッジョ・エミリア教育」を参考にして、有田という職人文化の町で、その伝統を「造形遊び・感触遊び」を通して伝えている。小さ

な町なので「有田焼」という外から見た呼称ではなく、地元の「伝統文化」として広い視野で捉えている。

③認定こども園である当園が中心となり、小学校―中学校―高等学校の教育の連続性を重視した取り組みをしている。有田工業高校デザイン科とは、NHKのETV番組「デザインあ」を通じた公開授業をした。

④幼児教育支援センター事業を引き受けたことで、教育に対する町の意識が高まり、幼児教育への理解が深まった。地域を担っていく子に「デザインする力」と「創る力」を育みたい。

⑤認定こども園は、幼保が単に合体しただけの施設ではない。1＋1＝2ではなく、3や4にもなる可能性を秘めている施設なのではないか。二つの法人が一つの敷地・建物の中に存在する幼保連携型認定こども園では、幼稚園籍か保育園籍かの違いだけである。新たな視点での保育・教育要領を

作っていきたい。

園長によるアンケート回答を考察すると以下の通りである。

① 認定こども園となった経緯について、「一から計画・新設した」と「公立保育所の民営化・民間委託に伴い認定」と回答している。

② 認定を受けた理由は、「幼・保それぞれの良さを生かした教育・保育を行うため」「就労状況や家庭環境の変化に対応・支援するため」「0歳児～就学前まで一貫した教育・保育を行うため」「地域の子育て支援の拠点施設となるため」と、認定こども園に対する園長の思いは強く、認定を受けた理由も一つではない。

③ 認定こども園に伴った子育て支援活動の変化として「種類・実施時間共に

増えた」と回答している。

「就学前教育費の財源は充分である」については、「あまり思わない」と回答している。

しかし、それ以外の「就学前教育は充実している」「認定こども園は就学前教育の充実につながる」「認定こども園は幼保の機能を生かした新たな保育システムである」「認定こども園は待機児童を解消することができる」「認定こども園は育児不安の大きい専業主婦家庭への支援を含む地域子育て支援の充実につながる」「新制度による幼保連携型認定こども園は幼保一元化のワンステップとなりうる」「新制度による幼保連携型認定こども園は質の高い幼児期の教育・保育の提供ができる」「新制度による幼保連携型認定こども園は幼小接続の取り組みを進めることができる」の各問いに対しては、すべて「とても思う」と回答しており、高く評価していることがわかる。

学校教育法と児童福祉法から最善の方法を抽出

園長は、特定非営利活動法人全国認定こども園協会の会員であり、副代表理事でもある。当協会は、教育・保育・生活の質の向上や子育て支援の総合的な充実と、それに寄与する認定こども園の健全な振興をめざすとともに、すべての子どもの最善の利益に向けて、認定子ども園の総合的な機能を高めることを目的としている。

当園は、前述したように、園舎の全面改築の際に、イタリアの「レッジョ・エミリア教育」を参考にしている。これは、すべての子どもたちに平等な幼児教育と保育（養護）の環境を整えようとする姿勢の現れである。

また、子どもの学びである日々の生活での遊びを0〜5歳児のスパンで捉え、幼稚園児と保育園児を区別せずに一つのクラスで一緒に生活し、午後からの異年齢合同の活動により、保育者の新たな保育観が共有されている。それにより一人ひとりの子どもの成育の連続性を保育者が共感できることが、認定こども園の健全な発展に繋がるのではないだろうか。

そもそも認定こども園とは、少子化に伴い幼稚園と保育所の合併や統合を経て、待機児童を解消することが一番の目的であった。しかし、当園の認定こども園化は、それ以前から就学前の教育と福祉を平等に受けることができない現状への疑問からスタートしたため、子どもの教育・保育・生活の質の向上を目指しているのである。

年間行事にも反映されているが、一日の活動でも幼稚園と保育所のそれぞれの良さを生かした教育・保育が実践されている。これまでの学校教育法と児童福祉法から子どもにとって最善の方法を抽出して、それを実践している。

避難訓練の場合は、児童福祉法に従って月に1回実施している。給食は幼稚園籍や保育園籍にかかわらず提供するため、外部委託の調理員を雇っている。野菜がふんだんに使われた一汁三菜が基本であり、子どもの成育を考慮した給食メニューとなっている。

18時以降まで居残りする園児は、おやつ代としてお迎えの父母が100円支払うシステムになっており、専業主婦であっても家庭のその日の都合により、幼稚園児を遅くまで自由に預けることができる。

テレビに子守はさせないという園の姿勢

長い時間、園で生き生きと過ごす園児と同様に、迎えに来る母親の笑顔は、こうしたシステムによって生まれていると感じる。

また、妊娠中の母親も多く見られる。認定こども園という安心して子どもを生み育てる環境があることと、子育てをめぐる不安解消の支援によって、国が目指す少子化対策にも繋がっていると言える。

年長のクラスでの活動時間や活動内容は、小学校1年生の授業と同じ水準であるので、半年後に小学1年生になるための準備には十分であると言える。園では2歳未満児であっても、階段の上り下り、ズボンやトレーニングパンツの脱ぎ着は一人で挑戦させる。たくましく生活できるようになるとともに、子どもの可能性が広がってくるのである。

前述したように、各部屋にはピアノはあるがテレビはない。テレビに子守はさせないという園の姿勢が見て取れる。1台だけあるエントランスのテレビモニターには、園児の活動を撮ったスライドが常に流れている。保護者が迎えにきた際に、スライドで子どもの活動などを把握することができ、子どもとの会話もはずむだろう。

園での生活には、合掌したり念仏を唱えたりする場面があり、宗教的環境の中で信仰に触れることができる。

週に一度、年中クラスと年長クラスの体操の活動時間には、民間のスポーツインストラクターが非常勤講師として指導する。また、休み時間にも月謝を支払う形で希望者のみのサッカー教室が園庭の一部で行われる。体育以外にも、音楽・英語の非常勤講師による活動もある。園にいながら様々な教育の機会を得ることができる。

現在、あかさかルンビニー園では、「幼保連携型認定こども園　教育・保育要領」にある5領域（健康・人間関係・環境・言葉・表現）をもとに活動が行われている。

音楽表現の年長クラス担任の活動では、姿勢を注意する「背中ピーン」が子どもの合言葉になっていたり、「じょうずです」「かっこいい」の称賛の言葉や、「みんなの心がバラバラだよ」「お友達と合わせようという気持ちが大事」の評価や指導もある。また、ふざけている子に対して「楽しいとおふざけは違います」と、そのつど注意している。園では幼稚園児・保育園児にかかわらず、教育要領の5領域の教育が生き生きと実践されていると言える。

新しい保育・教育要領はこれから現場で作られていく

本章では、「子ども・子育て支援新制度」について考察し、あかさかルンビニー園をはじめとする「幼保連携型認定こども園」の現状を明らかにすることで、就学前教育の教育的意義を考察することができたと思う。

今回フィールドワークを行った「幼保連携型認定こども園」は、すべての子どもたちに平等な幼児教育と保育（養護）環境が整えられていた。

また、幼稚園・保育園のそれぞれのすぐれた機能を生かした施設において、連続的な保育と教育が行われ、運営の一元化により、幼保の教育機能を一体化した「幼保一元化」が実践されていることを実感した。

前述のとおり、2006年に教育基本法が60年ぶりに改正され、改正の目玉の一つとして、幼稚園を学校教育の始まりとして位置づけている。

戦後、「幼保一元化」の旗を振った城戸幡太郎は、「就学前教育は、よりよき未来社会形成を目指す国民教育の基底部門を構成し、幼保一元化は当然のことである」（1946年）と述べている。

近年では、藤永保が『幼稚園と保育所は一つになるのか』（2013年）の中で、「(幼保一元化は）就学前の時期を国民教育の基底部門とみなし、教育を通じての協同社会樹立という目標のためには、重要な意義をもつ」と述べている。

世界に目を転じれば、経済界（ＯＥＣＤ）は、「Starting Strong（人生の始まりこそ力強く）」（２００１年）、すなわち、幼児教育・保育への投資は、重要な社会目標を達成すると、就学前の保育・教育に熱いまなざしが注がれ、ヨーロッパ諸国の多くが幼児教育を無償化する方向に進んでいる。

また、ユネスコの「Strong foundation, Early childhood care and education（万人のための教育目標）」（２００６年）は、子どもの権利の視点から、すべての子どものための乳幼児保育・教育の重要性を強調している。

２０１５年度から「子ども・子育て支援新制度」がスタートしたが、新しい視点での保育・教育要領は、これから現場で作られていくことになるのであろう。

今後は、全国47都道府県の「認定こども園」担当課へのアンケート調査などを行い、新制度施行後の現状を明らかにする必要がある。就学前教育の教育的意義をさらに多面的に検討することを私の課題としたい。

終章

日本の未来を見すえた子育て政策のために

コロナ禍の巨額の財政支出のなかで

2020年から、世の中は未曾有の新型コロナウイルスに翻弄され続け、1年半になる。

この時ばかりは、政府も国会も「国民の命が最優先」という同じ方向を目指してきたように思う。

最初の緊急事態宣言から48日目の5月26日には、全面解除となり、学校教育も再開した。しかし、その後も第2波、第3波、第4波に見舞われ、教育現場に以前のような元気な声が響き渡るのは、まだ先のことであろう。

2020年通常国会の施政方針で、安倍首相は「子どもたちの未来に、引き続き、大胆に投資してまいります」と言い、「希望出生率1・8の実現を目指し、深刻さを増す少子化の問題に真正面から立ち向かってまいります」とも言った。「投資」とは「無償化」を意味していた。

そもそも、「幼保無償化」は、安倍政権が目指す「一億総活躍社会」の「子育て支援」政策であったが、肝心な子育て政策の全体像がはっきり見えないいま、２０１９年10月に「幼保無償化」がスタートし、その流れに、子育て中の親は取り込まれてしまった。

国民は「無償＝タダ」に弱い。「タダより高い物はない」と言われるように、本来、「タダ」には用心すべきなのである。ところが国民は、目先の利益だけや、その場限りの政治のパフォーマンスにうっかり惑わされ続けてきたのである。

しかし、コロナ禍は百年に一度のパンデミックの様相を呈し、国も地方も巨額の財政支出となり、財源確保が容易でない状況に立ち至ってしまったのである。

緊急事態宣言下で仕事を失う親も大勢生まれ、収入減や収入ゼロ世帯が当たり前となった。一人親世帯等への給付の必要性から財政補助が始まった。また、国民全員に支給される特別定額給付も始まった。

「無償化」より先にすべきことが山ほどある

こういう危機の時代において、2025年までの少子化対策の指針となる政府の新たな「少子化対策大綱」が2020年5月29日、閣議決定された。

しかし、前回の大綱における2017年度末までの待機児童解消などの主要目標の多くも達成できておらず、無償化を決める以前の状況なのである。これは、政策は作られても、運用は常に自治体任せであるからではないだろうか。

看板政策である3～5歳児の保育園・幼稚園の費用無償化には、「無償化」に惑わされて歓迎していた子育て世代からも「まずは待機児童の解消を」との声が上がったという。

実際に、莫大な財政をコロナ対応に支出するなか、「無償化」より先にすべきことが山ほどある。

私が委員として参加した麻生政権時の安心社会実現会議（2009年）においても、少子高齢化の進展などの環境変化を踏まえて議論を行い、「Ⅱ 人生を通じた切れ目のない安心保障」の安心領域に「安心して子どもを産み育てる環境」が挙げられた。その環境として、「無償化」ではなく「子育て世帯に対して給付つき税額控除が導入されるべきである」とした。

また、安心社会実現会議では、教育は、将来に向けた中長期の見返りが大きな投資であり、「国家百年の大計」であるべきとの共通理解のもと、「学びと教育に関する安心」の項目があり、とりわけ「就学前教育は、一生の間さまざまなチャレンジを重ねていく基礎力を形成するものであり、各国でもその効果が指摘されている。生まれ育った家庭における格差を固定化させないためにも、社会保障と教育が交差する領域として、厚労省、文科省の関連組織の一元化を図りながら財源を確保していく必要がある」とまとめられた。このことは、今こそその意義を実感させられる。

しかし、2020年5月、教育現場におけるコロナ対策として休校の対応をとられた際、長期休校の解決策として、新たに「9月入学」問題が浮上した。また、自民党のワーキングチームが、学校教育や保育への影響を試算し、「学校と保育のどちらを優先するか。政府全体としての政策の整合性が問われる」と問題提起した。これは学校教育と社会保障を天秤にかけた発言であり、ねらいも性格も異なる二者を同列で論じる過ちをおかしていると思う。結局、萩生田文科相の「導入を急いで結論づけない」という発言で、「9月入学」は見送りとなった。

ポピュリズムに流されない教育政策を

本書で何度か引用したように、教育基本法第11条に「幼児期の教育は、生涯にわたる人格形成の基礎を培う重要なものであることに鑑み」とある。

政府・国会に問いたい。日本の未来を見すえた真の子育て政策をどう考えているのか。

政府・国会が、緊急事態宣言解除後、政治の責任を果たすべき重要な政策よりも、以前のように政局を優先するポピュリズムに流されていくことを私は危惧する。

未曾有の世界的災厄であるコロナウイルス感染対策やオリンピックについての議論においても、右往左往の対策に国民が振り回されている感がある。

「あとの世代にいい国を残したいと願う」と、著書『民主党が日本経済を破壊する』（文春新書）に綴ったのは、与謝野馨氏だ。与謝野氏はまた、「国民が安心して安全に暮らせる、そして将来の展望をもてる、そのような社会を作ることが真の政治責任であり、甘いことを次々に国民に提示していれば、いずれ厳しい歴史の審判を受けることになると思う」とも書いている。この言葉も、いまの政府と国民に問いかけてやまない。国民の生活は政治の上に成り立っていることをこれほど感じる日々はない。それゆえ、国会での審議と熟慮断行の国政を願うばかりである。

あとがき

本書『私の幼児教育政策論―危機の今こそ、子どもの未来を本気で考えよう』は、コロナ状況における幼児教育を見据えて、2006年から続けてきた就学前教育（幼児教育）の研究の成果をまとめたものだ。

九州大学大学院人間環境学府教育システム専攻の修士時代には松田武雄教授（教育学）に、同じく研究生時代には八尾坂修教授（教育行政・学校経営学）に、ご指導いただいた。本書の刊行にあたり、八尾坂先生からは過分な推薦文もいただいた。心から感謝を申し上げる。

本書をまとめるきっかけは、元厚生労働大臣であった坂口力氏の助言であった。坂口氏は、厚労省の「誓いの碑」の前で、薬害肝炎全国原告団代表だった私が要望書を渡した最初の厚労大臣だった。その後も国会議員室に、国会議員辞任後も何度も、尋ねて行き、いつまでも活き活きと活躍される坂口氏の思慮深い姿勢に触れることができた。そして、私のライフワークについても耳を傾けていただき、今回の本の推薦文もご執筆いただいた。厚くお礼を申し上げる。

そして、萩生田光一文部科学大臣からも、本書の意図を深く汲み取ってくださる推薦文をいただいた。文科政務官時代には、何度か議員室を訪ね、幼児教育問題について話をさせてもらった。人柄のみならず、教育に精通された議員・文科大臣からの推薦文は、身に余る光栄であり、感謝を申し上げたい。

２０１０年3月に出版した『いのちの歌』にお力添えいただいた毎日新聞出版の向井徹さんに、今回も指針を与えていただくなど、大変お世話になった。

本書を通して、幼児教育を学ぶ学生や未来に生きる子どもを産み育てるお母さん方、そして政治家の皆さんに、子どもたちの幸せを保障する真の幼児教育はどのようにあるべきかという問題意識を抱いてもらえれば幸いである。

私は物心ついた頃から小学校の教師になるという人生設計のもと、父と同じ教職の途に進み、21年間の教師人生を送った。そして退職後も大学院で「教育」について学び続けた。「教育」が私のライフワークとなったのは、父の影響であることに今になって気づかされるのである。最後に、２０１８年5月2日に死去した父に、感謝を捧げたい。

２０２１年5月　　山口美智子

山口美智子（やまぐち・みちこ）

一九五六年熊本市生まれ、現在福岡市在住。熊本市立碩台小学校、竜南中学校、市立高校（現・必由館高校）を経て、一九八〇年、福岡教育大学を卒業。熊本県で二年、福岡県で一九年、公立小学校の教諭を務める。一九八七年、二男出産時、血液製剤フィブリノゲンを投与され肝炎を発症。インターフェロン治療の副作用に苦しみ、二〇〇一年に小学校教師を退職。二〇〇三年四月に全国初の実名原告となって提訴した。二〇〇八年一月、「薬害肝炎救済法」制定。二〇一八年まで全国原告団代表を務める。二〇〇八年、九州大学大学院人間環境学府の修士学位を取得。二〇〇九年、政府の「安心社会実現会議」に委員として関わった際、就学前教育軽視の現状を知り、再び大学院の研究生として幼児教育を研究。その成果を本書で幼児教育政策論として提起した。著書に『いのちの歌』など。

私の幼児教育政策論
危機の今こそ、子どもの未来を本気で考えよう

印刷　二〇二一年六月一五日
発行　二〇二一年六月三〇日

著者　山口美智子
発行人　小島明日奈
発行所　毎日新聞出版
〒一〇二-〇〇七四　東京都千代田区九段南一-六-一七　千代田会館五階
電話　営業本部〇三-六二六五-六九四一
図書第二編集部〇三-六二六五-六七四六
印刷・製本　中央精版印刷

 ISBN978-4-620-32684-9